青囊匯刊 ⑭

四庫存目

地理辨証圖訣直解

[唐] 楊筠松 ◎ 著
[明] 蔣大鴻 ◎ 注　章仲山 ◎ 解
宋政隆 ◎ 点校

華齡出版社

图书在版编目(CIP)数据

四库存目青囊汇刊.14／（清）戴礼台著；宋政隆点校.—北京：华龄出版社，2021.3
ISBN 978-7-5169-2128-9

Ⅰ.①四… Ⅱ.①戴… ②宋… Ⅲ.①《四库全书》-图书目录 Ⅳ.①Z833

中国版本图书馆 CIP 数据核字（2021）第 257032 号

责任编辑	薛 治		责任印制	李未圻
书　名	四库存目青囊汇刊.14		作　者	（清）戴礼台 著　宋政隆 点校
出　版	华龄出版社			
发　行				
社　址	北京市东城区安定门外大街甲57号		邮　编	100011
发　行	（010）58122255		传　真	（010）84049572
承　印	三河市九洲财鑫印刷有限公司			
版　次	2022年1月第1版		印　次	2022年1月第1次印刷
规　格	710mm×1000mm		开　本	1/16
印　张	14		字　数	195千字
书　号	ISBN 978-7-5169-2128-9			
定　价	58.00元			

版权所有　侵权必究

本书如有破损、缺页、装订错误，请与本社联系调换

自序

书籍传写之本,久则滋讹,鲁鱼帝虎,自古然也。即其书无关重轻,阅者犹以为恨,而况医者之于疾,堪舆者之于墓宅!生死之所寄,安危之所分;吉凶祸福,捷若影响;一字之误,奚啻千里!其为利害,可不慎哉!

《天元五歌》,山龙水龙,阴宅阳宅,峦头理气,分门别类,明白晓畅,处处申明《天玉》《青囊》之所以然,乃堪舆书之最要者也。其书几遍天下,而迄今尚无刻本,转辗传写,舛错纷纭。

岁在庚辰,仆于匡爱庐馆中适见原本,因取世所传本校正讹缪,又因原注简略,恐所以然之理,言之有未尽,悲伪说之流行,迷途之莫返,故不揣梼昧,① 增补阐义,以发明之,亦犹蒋公作歌之意云尔。

道光三年季冬朔
无心道人识于维扬崔氏之宜雅堂

---

① 梼昧,愚昧,多作自谦之辞。亦作"擣昧"。

跋

　　堪舆之书，汗牛充栋，而时代既远，真伪相参，非明眼人不能识别。

　　以来信而可征者，惟《地理辨正》一书。吾师精心致思，凡数十寒暑，深得其真诀。恐其久而传焉失真也，为直解以阐明之。今于匡君处见《天元五歌》，反复涵泳，① 以尽其妙。复手校再三，将付之剞劂，所以发蒋先生之奥，而遗后学之津梁者，心良苦而意弥厚也。

　　方受耳大名三十余年，今岁始得拜晤于邗上，自谓三生之幸莫过于此。不揣愚昧，谨志数语于卷末，未识有当与否？

熊方受拜跋

---

① 涵泳：深入领会。宋罗大经《鹤林玉露》卷十三："正渊明诗意，诗字少意多，尤可涵泳。"明王世贞《艺苑卮言》卷一："西京以还至六朝及韩柳，便须铨择佳者，熟读涵泳之，令其渐渍汪洋。"清王夫之《夕堂永日绪论外编》二九："熟绎上下文，涵泳以求其立言之指，则差别毕见矣。"

地理辨正原序

通三才之道曰"儒",故天官地理,皆学士家穷理之本业;而象纬之学,正三统,测灾祥,属有国家者之事;独地理为养生送死,生民日用所急,孝子慈孙,尤不可以不谨。宋儒朱、蔡诸贤,间有发明,见于性理书中者,班班可考。顾仅能敷陈梗概,而未究其精诚。或者进而求之,通都所布,管郭诸书,虽其言凿凿,而去之逾远。斯其为道显而隐,诚所谓"间世一出,非人不传"者耶!

余少失恃,壮失怙,先大父安溪公,早以形家之书,孜孜手授,久而后知伪学之非也。思穷径绝,乃得无极子之传,于游方之外,习其所传,又十年所于是;远溯黄石、青乌,近考青田、幕讲,彼其言盖人人殊,而厥旨则一;且视天下山川土壤,虽大荒内外,亦如一也,其庶乎地学之正宗在是。辄欲举其说以告学者,又不容显言,无已,取当世相传之书,订其纰缪,① 而析其是非,使言之者无罪,闻之者有所惩戒,而不至于乱,《辨正》之书所以作也。

夫地学之有书,始于黄石,盛于杨公;而世所惑溺而不可卒解者,则莫甚于《玉尺》。故论断诸书,汇为一编,其俎豆②之与爰书③皆以云救也。

于、姜诸子,问业日久,经史之暇,旁及此编,岂好事哉!我得此道,以释憾于我亲。从我游者,皆有亲也。姜氏习是编,而遽梓之以公世,其又为天下后世之有亲者加之意欤。允哉!儒者之用心也已!

云间蒋大鸿平阶撰

---

① 错误。亦作"纰谬"。
② 俎和豆。古代祭祀、宴飨时盛食物用的两种礼器。亦泛指各种礼器。
③ 爰书:古代记录囚犯供辞的文书。

辨伪文

仆弱冠失恃，先大父安溪公命习地理之学，求之十年，而始得其传，乃以所传，遍证之大江南北，古今名墓。又十年，而始会其旨，从此益精求之。又十年，而始穷其变，而我年则已老矣。姚水亲陇告成，生平学地之志已毕，自此不复措意。夫岂不欲传之其人？然天律有禁，不得妄传。苟非忠信廉洁之人，未许与闻一二也。

丹阳张孝廉仲馨、丹徒骆孝廉士鹏、山阴吕文学相烈、会稽姜公子垚、武陵胡公子泰征、淄川毕解元世持，昔以文章行业相师，因得略闻梗概。此诸君子或丹穴凤雏，或青春鹗荐，① 皆自置甚高，不可一世。盖求其道以庇本根，非挟其术以为垄断，故能三缄其口，不漏片言，庶几不负仆之讲求尔。

若夫中人以下，走四方求衣食者，仆初未尝不怜之。然欲冒禁而传真道，则未敢许也。至于仆之得传，有诀无书，以此事贵在心传，非可言罄。

古书充栋，半属伪造，故有《辨正》一书昌言救世。后复自言所得，作《天元五歌》。然皆庄蒙②所谓"糟粕必求其精微"，则亦不在此也。此外别无秘本，私为一家之书。

近闻三吴两浙，都有自称得仆真传，以衒鬻者；亦有自撰伪书，指为仆之秘本，以瞽惑后学者，天地之大，何所不容？但恐伪托之人，心术鲜正；以不正之术，谋人身家，必误人之身家；以不正之书，传之后世，必贻祸于后世。仆不忍不辨，惟有识者察之。

华亭蒋平阶大鸿氏敬告

---

① 鹗荐：比喻推举有才能的人。
② 庄蒙，指庄周。因他曾做过蒙地的漆园吏，故称。

辩伪论

[补义] 韩公力辟佛骨，而佛道长存；王公欲谏天书，而天仙不朽。盖仙佛亦自有可存不可朽者在也，固非天下之有大力者可得而辟之、灭之也。蒋中阳之辨《玉尺》，其韩公乎？其王公乎？夫《玉尺》之于地学，比之三教于仙佛等，《青囊》则《论》《孟》《学》《庸》，《玉尺》则《阴符》《同契》耳。盖《玉尺》亦自具一能存不能朽者焉。曾序云"山上龙神不下水，水里龙神不上山"，蒋云"山上五行用以排山，水中五行用以排水，分路扬镳，中相假借"，是明明知山上之五行不可用于水，水上之五行不可用于山，口既已明白言之，心讵明白知之乎？吾谓深知《玉尺》者无如蒋氏，但激于近世之学堪舆者，未得《玉尺》皮毛，因伪承伪，若不极力开之毁之，不惟《玉尺》山法被伪注淆乱，即水龙平冈诸大法，未可大白于天下也。其体未立，其用何归？犹吾儒未尽力于君臣弟友，而高谈虚无玄关耳。是以艰苦思维，必欲如韩公坑其人而火其书，而不为王公之美珠箝其口也。此中阳辨驳苦衷欤？虽然，《玉尺》之龙法九星、水法八星、沙法七星，正山上龙神之至精至微、刻期刻应之真学问，但一为伪注淆乱，一为俗术误缀，神文所存，盖已无几，此《玉尺》之所以可辨可毁，无怪乎蒋氏《辨正》书之作也。第《玉尺》曾序诸篇，予阅坊间刻本不下数十种，止蒋氏传注独得其真，此外为俗术误缀淆乱者，何可胜举？思亦如蒋氏之去伪存真，独开生面，补注一册，又念平洋秘义既困，蒋所无而不肯笔者，尽笔之矣，已犯泄漏之戒，岂堪舆《玉尺》之稍贬，而不为造化少留有余未尽于后者乎？因志其大略，仍录《辨正》各篇，以成完书，且不失作者初心。

出一勺子《地理辨证补义》

补发《青囊》上篇交媾用法

[补义] 青囊"天地定位，一六同宫"等语，《天玉》释以"三卦分天地人为用"是也。而三卦之秘宝，从每卦之相联交处以大用，从古仙师口口重之，语语注之，却未曾明笔之书，以显示后人，岂非书传而诀不传欤？诚补发附《全义》《交媾》二篇，略略指出天地鬼神，临上质旁固泄秘，质其用法细义，俱载心传、口诀卷内，不敢剿传，恐犯造物所忌，但河图洛书之精义，先天后天之理数，终有不得而隐者也。盖口诀原不出文字外，惟在人默诚潜通耳。

夫每卦之相联处，即有一阴一阳相交之理在焉。如一白之数得天之生气，能提拔乾坤，则以一白为阳，交左辅之六数阴，交右弼之八数阴。定曰阳交于不在一白之后天，不在一白之先天，实坤，故一白得令，即以先天之坤为主，而左辅之六，先天是艮，后天是乾；右弼之八，先天是震，后天是艮，故左辅之艮男，右弼之震男，与坤女，可配成先天之男女；而左辅之乾，右弼之艮，与坤后天之坎，又可配成后天之男女矣。如九紫之数，秉天之令，则九紫为阳，交左右四二之阴数，为后天离卦，以先天之乾为主，盖四之先天是少兑，二之先天是长巽，九之后天是中离，配乾为后天之男女；二之后天是老坤，四之后天是长巽，九之后天是中离，配乾为后天之男女。

夫同一坤也，或与坤交，或与巽交，或与离交，或与兑交，亦随其天地生成之山川而用之，又无不可也。故世有老父配少女，少男遇老母，俱有生息者，以男配女，以女配男也。若未解此中秘义，竟有以男合男，以女配女者，阳差阴错，惟此之由。盖变变化化，自然之山川无之，而一之理数则有准矣。《经》云："一六同宫，二七同道，三八为朋，四九共处。"而一可反八，九可媾二，南北力大，元厚之义，尚未发阐，故此篇补之。

惟能知理数之真伪，则收放之法明；收放之法明，而后结局之大小可分矣。又三碧乘时，三本阳气，左八右四，即为阴煞，以先天之离为主；而五离与四兑，先天同体是女，中女自然宜嫁长男，与少女同功，而不与少女为配也。况运行三碧，四绿继之，故三与八为朋，而不与四为朋也。又七自当令为阳，二六即为阴煞，以先天之兑为主；但七坎与六艮同体是男，故二七同道，而不与六同道。六艮既配一坤，七坎止配二巽，在水运七兑之后，即逆继六乾，亦以一之理数，驭无定山川者也。此东西之不及南北，厚薄之所由分耳。

又如二数得天，二气变阳，七九之气即变为阴，以先天之巽为主，《经》云"二七共处"，故二与七交，而兼与九交。巽既可配先天之坎，亦何不可配先天之乾？以女能交乎男。在后天卦，三位相联，为坤兑离，三女相处，似一家妯娌，以其有先天之乾坎在位故也。不然，老妇贞媳，何以为化育乎？

如八运辰时，八气成阳，三一之气，即变为阴，以先天之震为主。《经》云"三八为朋"，但八与三交，亦与一交，长男可配先天之离，亦可配先天之坤也。在后天卦，三位相联，为坎艮震，似三男同域，似兄弟友爱，以其有先天之离坤在位故也。不然，则孤兄鳏弟，何以能生息乎？世之讲气数者，概以一三七九为阳，岂知二四六八有变阳之日？概以二四六八为阴，岂知一三七九有变阴之时？《经》无明文，故此篇发之。

又如六水当令，六为阳水，一七之水，即变为阴，以六艮为主。《经》云"一六同宫"，但六与一交，而不与七交，六艮止配先天之坤，而不能偶先天之坎也。艮坎同体是男，况七水乘令，六水继之，有先后无彼此也。盖六水继令，七水不变阴矣。如四水当令，四为阳水，三九之水，即变为阴，以四兑为主。《经》云"四九共处"，故先天之离，且兑离同体，是女四水当权，三水送之，亦有先后无彼此也。盖四水当权，三水不变阴矣。水运山运，《经》无明文，故此篇发之。

凡此相摩相盪，奇奇怪怪，山配水，水配山，阴阳相见，变化无常，真正《青囊》上篇细义，亦如《周易》、河图洛书、先天后天精理。此篇条条吐出，更将心愿连彙，引伸吾道之大白于天下后世必矣，来者其熟思而精察以求之可也。

阴阳交媾直指

一勺子曰：天光之下，土肤之上，成形显象，一点灵光，即天地交媾之所也。眼前境界，头头是道，既非玄，也非妙。天父地母，天阳地阴，三尺童子，谁人不知？百岁老翁，若个不晓？名公地书，则曰"山阳水阴"，又曰"山阴水阳也"；又曰"山之高峻阳，山之低凹阴"，又曰"山之平坦阳，山之凸起阴也"，又曰"水之有光气而明显者阳，水之无光气而低暗者阴也"，是皆言山水之阴阳也，而非交媾之大阴大阳也。

举河图洛书，先天后天之"一六共宗，二七同道，三八为朋，四九作友，五十同途"，一生一成，一夫一妇也。"天地定位，山泽通气，风雷相薄，水火不相射"，一对一待，一来一往也。又曰："乾兑出自老阳，坤艮成于老阴，震离化自少阴，坎巽来于少阳，阴阳两片也"，是皆言卦数之阴阳，而总非真阴真阳雌雄交媾之大阴大阳也。

此间坊刻，只说得这些，即余《四秘书》，亦在此等效发明，下此乃直捷指出。

是大阴阳大交媾，仍在眼前，曰"山水尽阴质，风雷总阳气"，阴质有形，阳气无体，惟土肤之际，平铺如掌，以有形之阴质，媾无形之阳气，必我所用之土，能招摄此气，能包孕此气，能承载此气，能止息此气，不去不灭，至当恰好。或顺收，或逆收，或高受，或低受，或前来，或后来，或左至，或右至，必收得阳神，出得阴煞。太极晕所以涵此，龙虎所以抱此，朝案列几所以止此，左右界水，面前江河，后背荫水，龙所以息，河洛先后天、地秘天宝，所以测此。

解此若头头是道，则遍地尽成黄金陌矣。

此一点真阳之气，阴质内费许多功夫矣。而后得此，来而不去，蓄而愈妙，可春耕而秋收，可朝谋而夕效。俗师日日为此，却终身不知此；杨公日日看此，却一言不指破此。今日明白说出看阳之诀，已在元空大卦；看阴之诀，仍要于诸名公书内会之。

贱业职司，看阴阳诸地理书，总在看阴处用工；止说得一半，尚遗一半未说起。

是此书一发群书之机，吾知古往今来诸名公，必户祝家颂，赖此书之传，而后天下诸书尽可传也。

《新增地理辨正图诀》原序

书有可解者，有不可解者。日用伦常经书，欲尽人知之，故明白显易，人皆得而解之也。天地秘藏，机不容泄，故深文奥义，不可得而解之也。

地理者，古人察天地之微，识阴阳之奥，窃其生机，自为造化，可以改天命，夺神功，此造物所珍秘，非通彻三教九流者，不能洞察其微也。故《青囊》《天玉》诸经，自古迄今，知者绝少；而坊间刊本，杂出不一，尽皆妄诞，未免悖谬贻害，此《辨正》之书所由作也。自《辨正》作，而《青囊》《天玉》始得有真解矣。无如世人不访真师，不谙秘旨，而并不解其解，及至心思穷尽，搜索无由，反为蒋公恨，甚至诋毁蒋公而涂抹《辨正》者。噫！若尔人者，真可哀矣。

予历尽艰辛，访师多年，始得其秘。于丁丑戊寅岁，予游寓星子连州，二三知己，以《辨正》索解于予。数月之间，已尽其概。乃虑其难得而易失也，复乞予著明《掌诀》，并图其难知者，以为随地披阅焉。予不获已，将秘旨作图，而诀亦寓其中。图仅二十有八，而《辨正》作用已尽于斯，今而后可无遗忘之患矣。倘犹有不可解者，请披阅斯图，而重解之，则虽深文奥义，不可得而解者，亦无不可得而解之矣，又何患乎！《青囊》诸经，有不了然于心目者乎！愿共珍之惜之，勿轻泄焉可也。

峕大清嘉庆己卯岁蒲月
合幼山人桃谷戴礼台序

《辨正图诀》序

一、地理之书，汗牛充栋。其言峦头者，总通套雷同；其言理气者，诸书皆伪。惟《青囊》《天玉经》乃真正秘传，古今地师，皆慎密不泄。今将《辨正》详注而辨明之，其词似秘，实则透辟详尽，但少掌诀、少起例耳。

一、玄空大五行，胡以言乎大？以其括尽诸家五行，而一以贯之者也。却又并无五行，非若俗传大玄空，以某干支属木，某干支属金，某干支属火土水者。

一、玄空大五行，实是玄空，却不是俗传之大小玄空；实是四经，却不是俗传之四经；实是三合，却不是俗传之三合；实是八卦九星，却不是俗传之八卦九星；实是斗首，却不是俗传之斗首。只此一个五行，彻上彻下，举凡诸家各种五行之名，皆是玄空大五行，故一见而知其为真传也。

一、玄空以廿四山分八卦，八卦分三大卦，名玄空大五行是矣。乃《经》又云"天卦、地卦、东卦、西卦、南卦、北卦"，名玄空大五行是矣。乃《经》又云"天卦、地卦、东卦、西卦、南卦、北卦、父母卦"，例何多也！昧者每指某为东卦，某为西卦，某为南北卦、父母卦、天地卦，何梦梦若是！更分子午卯酉为一大卦，辰戌丑未为一大卦，寅申巳亥为一大卦，愈系作梦也。玄空乃丹家内炼之秘，实生生不已之区，万物交结之所，老子谓"众妙之门"者也。山川融结，实有其处，随在可指，其理即与易卦无不符合；葬乘生气，夺造化之权，正在于此。知此则格龙格水、下卦起星，可坐而定矣。

一、五星所属，《天玉》未尝言及，只云"五星配出九星名"一句而已。读《辨正》者，亦一恨事。不知《天玉》固已言之谆谆矣，读者过目不觉耳。细阅图诀，当必有悟。

一、九星除从前错误者不论，近日多宗《古镜歌》，以廿四山隔四位换排，而廉贞归中，认为蒋公秘授。又有以辅弼作一星三匝廿四位者，又有九星为不足凭信者，皆不得真传故也。不知九星之飞布九宫，乃天地自然之位数，不假人力安排者。中阳云："九星乃断向水应验、吉凶微渺之事，学者既知八卦兴衰，则九星亦可略。"其不肯轻泄也如此乎！

一、用时日最为紧要。有葬吉地而不发者，日时不合故也。择日自太乙、禽奇、六壬、雷霆诸大家而外，惟《杨公造命》传播极广，近日专用《乌兔》太阳吊照，以为得蒋公秘授。岂知《天玉经》"合禄合马合官星"之句，其诀至秘，其用至神至奇、至验至灵，为世间有一无二之日课，用以造葬，无不速发；用以催福，无不奇验。惟得心传口授者，方知其妙。今撮其要，共著数图于后，知者用之，择日之能事毕矣

一、古今地仙，立一穴一地，必留钤记，预订定何时兴发，何时出何等人物，何等事情。此虽在龙穴砂水上断验，实则莫逃乎数也。此数依八卦九星，宗奇门，与《太乙》《皇极》不异。中阳云"星辰流转要相逢"之句，已发其端，在学者精而求之，推而广之耳。

戴梓林序

图诀次序

原著及增补、增著共五十图。首五图，为纲领；第六至第九图，为总持；第十至十三，乃增著《三元歌》《分金掌诀》为入用；第十四至第十九图，并增著《坎离掌诀》，乃明大卦天然交媾之理，为四十八局之准绳；第二十至第三十二图，乃挨星作用应验；第三十三、四、四十四、五图，乃明生成变化之理；第三十五至四十三图，乃择日用事。玩此以读《辨正》，则《辨正》之秘旨见矣，阅者幸无视为河汉也可。

陈典臣 陈凤梧 辑补

辨正图诀增解序

地学之道，峦头为体，理气为用。地理之书，百家杂出，言峦头则大同而小异，无甚差谬；说理气则别户分门，皆属伪妄。惟《辨正》一书，所言峦头理气两，而化者一，而神独得真传焉。所以有志地学者，人多诵读，却人多不晓，以未得真师传授故也。江右戴公梓林之哲嗣号韫玉者，暮年游历泷州，余因得其口诀，而于《辨正》之妙义奥旨，颇有所见。因而遍阅山川，覆验名山古墓，益信口诀不误。戊子岁，于穗垣与陈君典臣聚首，谈及地理，终日忘倦；询其所学，盖韫玉师也。乃知学习同出一门，遂出戴公《辨正图诀》相视，见其图缺略未备，次序不分，遂相与辑补，更为之增著、增解，较前刻尤为明显；虽秘传未敢尽泄，而图诀、注解已把金针暗度矣。世之读《辨正》者，将各图与注解，细心考究，往复搜寻，其于《辨正》之微言奥旨，岂无豁然贯通之候乎！

峕光绪辛卯岁如月上浣
陈典臣陈凤梧相与序于羊城读易草堂

读《辨正》诀

凡读《辨正》者，多不知解；若求其文句，如猜哑谜。即读熟《辨正》，终属渺茫；因不得真传，而不得诀故也。不知《辨正》一书，其文辞至浅者；道理愈深，其用尤重，惟《青囊奥语》十义。足见诸凡作用，尽在《奥语》十义之中，起止分合，生成变化，道理无不具备。凡读者宜以十义逐句索解，更以逐句字字追求，方为得法。

如第一"何以曰义"，第二"何以曰言"，第三"何以曰法"，第四"何以曰奇"，第五"何以曰妙"，第六"何以曰秘"，第七"何以曰奥"，第八"何以曰裁"，第九"何以曰神"，第十"何以曰真"，再以《图诀》细心玩之，无不了然，此便是读《辨正》之秘诀也。所以有《辨正》理气，不可无《辨正》图解；是有《辨正》图诀，方可识《辨正》理气。《宝照经》云："审龙若依图诀葬，官职荣毕立可观。"图诀是理气对证。

目 录

自序 …………………………………………………… 1

跋 …………………………………………………… 2

地理辨正原序 …………………………………… 3

辨伪文 …………………………………………… 4

辩伪论 …………………………………………… 5

补发《青囊》上篇交媾用法 …………………… 6

阴阳交媾直指 …………………………………… 9

《新增地理辨正图诀》原序 …………………… 11

《辨正图诀》序 ………………………………… 12

图诀次序 ………………………………………… 14

辨正图诀增解序 ………………………………… 15

读《辨正》诀 …………………………………… 16

新增重刻大五行辨正图诀 …………………… 1

天地生成河图图诀第一 ………………………… 1

河图变化洛书图诀第二 ………………………… 3

先天八卦本象图诀第三 ………………………… 5

后天八卦末象图诀第四 ………………………… 7

先后八卦并体图诀第五 ………………………… 9

八卦分为三卦图诀第六 ………………………… 11

八卦分为二卦图诀第七 ………………………… 13

八卦统共一卦图诀第八 ………………………… 15

廿四龙管三卦图诀第九 ………………………… 17

分别零神正神图诀第十 ……………………………………	18
分别珠宝火坑图诀第十一 …………………………………	20
审龙定向分金图诀第十二 …………………………………	22
依龙立向分金图诀第十三 …………………………………	24
坎离水火交媾图诀第十四 …………………………………	26
倒排父母子息图诀第十五 …………………………………	28
挨排九星元运图诀第十六 …………………………………	29
分布四十八局图诀第十七 …………………………………	30
五星配出九星图诀第十八 …………………………………	31
雌雄交合玄空图诀第十九 …………………………………	32
冬至顺行甲子图诀第二十 …………………………………	34
夏至逆行甲子图诀第二十一 ………………………………	36
顺排六十花甲图诀第二十二 ………………………………	38
逆排六十花甲图诀第二十三 ………………………………	39
北斗七星打劫图诀第二十四 ………………………………	40
离宫相合应验图诀第二十五 ………………………………	42
阳局顺相逢数图诀第二十六 ………………………………	44
阴局逆相逢数图诀第二十七 ………………………………	46
立成文破阳局图诀第二十八 ………………………………	48
立成文破阴局图诀第二十九 ………………………………	49
北斗七星左旋图诀第三十 …………………………………	50
北斗七星右旋图诀第三十一 ………………………………	52
九个挨星满数图诀第三十二 ………………………………	54
天地生成规矩图诀第三十三 ………………………………	56
日月变化方圆图诀第三十四 ………………………………	58
朱雀发源挨星图诀第三十五 ………………………………	59
合禄马合官星图诀第三十六 ………………………………	61
禄马官星生旺图诀第三十七 ………………………………	62

挨星妙合天心图诀第三十八	63
天帝太阳合贵图诀第三十九	64
天官赐福贵人图诀第四十	65
加官进禄八位图诀第四十一	67
马上金街四神图诀第四十二	69
天乙贵人上殿图诀第四十三	71
乾坤生成洛书图诀第四十四	73
洛书变化河图图诀第四十五	75
增著天元龙歌图诀第四十六	77
增著地元龙歌图诀第四十七	78
增著人元龙歌图诀第四十八	79
坎离交媾掌诀第四十九	80
立向分金掌诀第五十	81

地理辨正直解卷之一 ... 83
青囊经 ... 83

地理辨正直解卷之二 ... 93
青囊序 ... 93
青囊奥语 ... 104

地理辨正直解卷之三 ... 115
天玉经 ... 115

地理辨正直解卷之四 ... 147
都天宝照经 ... 147

地理辨正直解卷之五 ... 179
平砂玉尺辨伪总论 ... 179
辨顺水行龙 ... 181
辨贵阴贱阳 ... 183
辨龙五行所属 ... 185

辨四大水口 …………………………………… 188

辨阴阳交媾 …………………………………… 189

辨砂水吉凶 …………………………………… 190

辨八煞黄泉禄马水法 ………………………… 192

辨分房公位 …………………………………… 194

总论后 ………………………………………… 195

平砂玉尺辨伪总括歌 ………………………… 197

新增重刻大五行辨正图诀

天地生成河图图诀第一

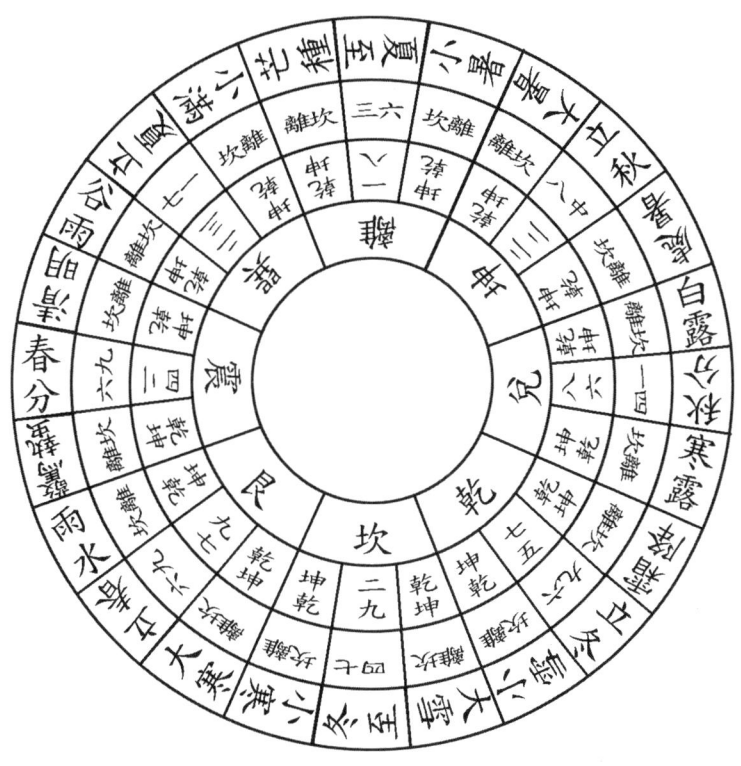

① 江右赣郡桃谷梓林戴礼台著，长男洪润直解。新会潮连典臣陈良谟参订辑补，泷州庠士凤梧陈炳文增著增解。

河图妙义理通天，本末根苗一气连。

四象中央分内外，五行个里合方圆。

河图妙义，地理通天。根苗本末，一气相连。

未有河图洛书之数象，先有天地乾坤之理气，是有天地乾坤之理气，故有河图洛书之数象。理与气，数与象，则河洛之义与乾坤天地合一而已矣。所以天地生成，河图为地理之体，自有乾坤变化。洛书为天文之用，地理之体，生成五行四象，而成十道。天文之用，变化八卦九星，以应天心。此便是天地生成，河图之本末，自有天地变化，洛书之根苗。

［直解］河图是说天地之理，洛书是说地理之天。天即是理，理即是天。天藏地内谓之理，故曰"地理"。理行地外谓之天，故曰"天文"。天文地理，地理天文，皆一气相连，不可分析解也。

干维乾坤艮巽壬，阳转星辰轮。支神坎震离兑癸，阴卦逆行取。分定阴阳归两路，顺逆推排来。

○原批：四隅为干维，故属阳。四正为地支，故为阴。此挨星壬癸，分别阴阳，又在兼加上。此诀逢坎出，逢合止。

河图变化洛书图诀第二

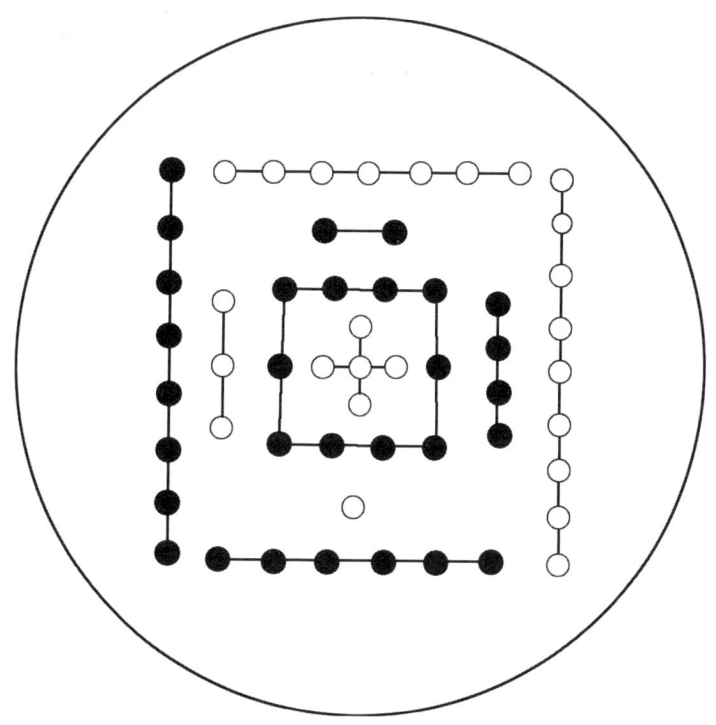

　　洛书本末四为根，八卦中央五至尊。

　　九个星辰行日月，三回天地定乾坤。

　　九星八卦，五四为尊。三回天地，运满乾坤。

　　洛书即是河图，河图便是洛书；洛书化为河图，河图变为洛书；洛书合为河图，河图分为洛书。洛书是说在天成象，河图是说在地成形。

是有成形，故有显象；是有显象，必有成形。是有天地生成，河图为地理之体；固有乾坤变化，洛书为天文之用。是有五行四象而成十道，故有八卦九星以应天心。此便是无穷变化之本末，自有万物生成之根苗。

[直解]四为根，五至尊。凡天万物，无不以四为根，无不以五为本，所以至尊贵者也。行日月，是说挨星行运；定乾坤，是说三才化成。所以天地成三才成矣，乾坤成八卦九星成矣。

天机妙诀本不同，八卦只有一卦通。乾坤艮巽缠何位，乙辛丁癸落何宫。甲庚丙壬来何地，星辰流转要相逢。

〇原批：俗用此掌多用顺，大五行却偏用逆，此诀自合起到乾入。

先天八卦本象图诀第三

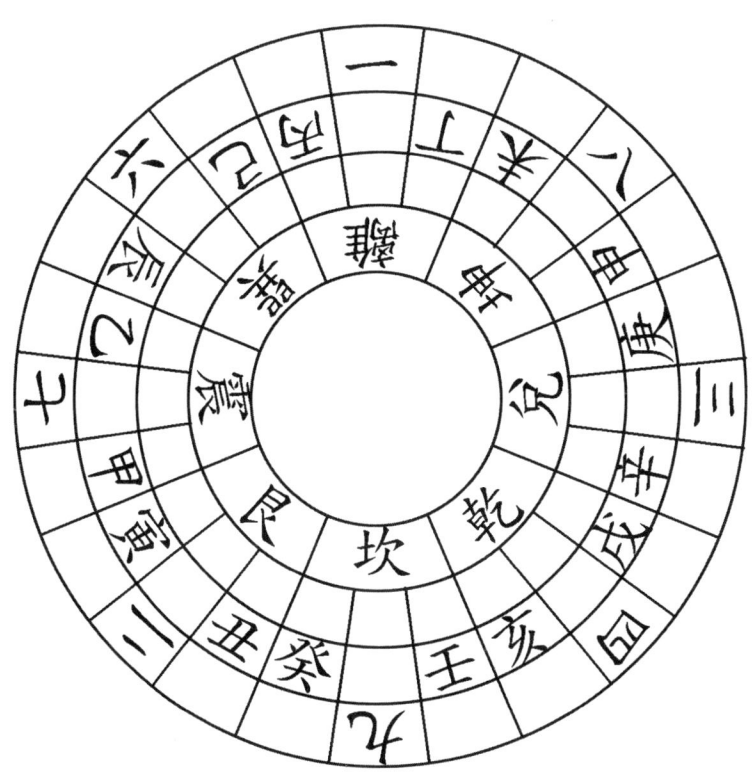

先天八卦说君知，甲木逢春发叶时。

四象中央为正干，五行以外是旁枝。

是有正干，必有旁枝。真龙出入，左右扶持。

先天八卦是说生数。生数者，即太极生两仪，两仪生三才，三才生四象，四象生五行，五行生八卦。即如甲木萌芽，渐成枝干。干者一直生上，乾之性也；枝者横创八方，坤之性也。所以乾卦成而坤卦随即成矣，乾坤两卦成而八卦随即成矣，八卦成而九星随即成矣，八卦九星成而天地万物随即成矣。此便是先天八卦生数之本末，自有后天八卦成数之根苗。

［直解］先天八卦生数，即如甲木萌芽，渐成枝干，此本来自然之生数也。本来生数止有一二三四五，而八卦成矣，八卦成而九星随即成矣。

天卦江东掌上寻，知了值千金。地画八卦谁能会，山与水相对。

〇原批：天卦血脉也，地画金龙也。峦头理气，合而为一，此真天地之奇妙，作用之巧绝也。

〇天地二字，即《天玉经秘旨》注"亦有暗藏，人人误看"。

〇日月出入之门，坎离卦名，齐整登对，山川亦然，真奇事。

后天八卦末象图诀第四

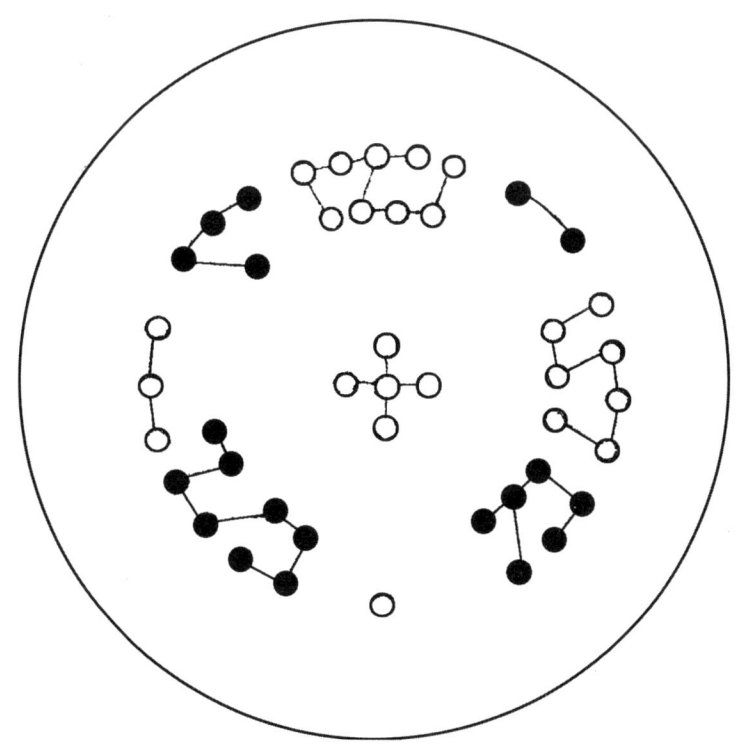

后天八卦即先天。本末中央一气连。
太极生成三极体。五星配出九星垣。

在天成象。在地成形。分明八卦。变化九星。

后天八卦，是说成数。成数者，六七八九十是也。六七八九十，即是一二三四五，实为两个一二三四五也。一个先之一二三四五为本，一个后之一二三四五为末；止此两个一二三四五，变化无数个一二三四五；无数个一二三四五，终归合为一个一二三四五，此天机也。此便是后天八卦成数之本末，自有先后八卦合数之根苗。

[直解]后天八卦之成数，即如木之开花，如果之结实。开花者乃乾天创业之候，结实者是坤地成功之时，所以乾坤两卦成而八卦九星成矣。

先天罗经十二支，后天再用干与维。八干四维辅支位，子母公孙同此推。

〇原批：大卦掌诀，惟河洛先后天最紧要，故列诸图之首，以见诸凡作用，不能外此也。

〇凡进退颠倒，下卦挨星，皆从后天。

先后八卦并体图诀第五

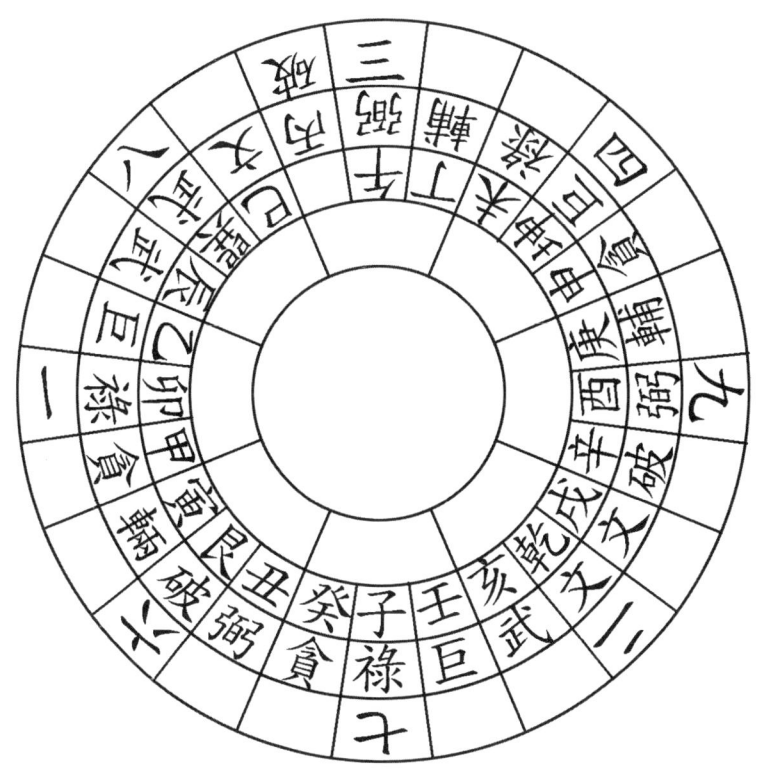

后天极数合先天，八卦九星一气连。
四象中央归本位，五行内外各还原。

先本后末，同共一天。五行四象，内外相连。

前图先后八卦，是说分数；此图先后八卦，是说合数。是有分数，故有合数；是有合数，必有分数。分数者，一十分为二五；合数者，二五合为一十。所以前之先后八卦分而为二，此之先后八卦合而为一。分而为二者，九四九五；合而为一者，九九八一。九四九五，是说行龙之实义；九九八一，是说结地之真情。此便是先后八卦合数之本末，自有先后八卦分数之根苗。

　　［直解］两个八卦相并之体，实为九个九星合数之用。用合乎体，体合乎用，合天地之大气数也。合天之大气数如此，合万物之小气数亦如此也。

　　原批：先天加后天，则知某龙配某向，某向配某水，一体一用，总不相离，皆是挨星，奈何此舍此而别求挨乎！

八卦分为三卦图诀第六

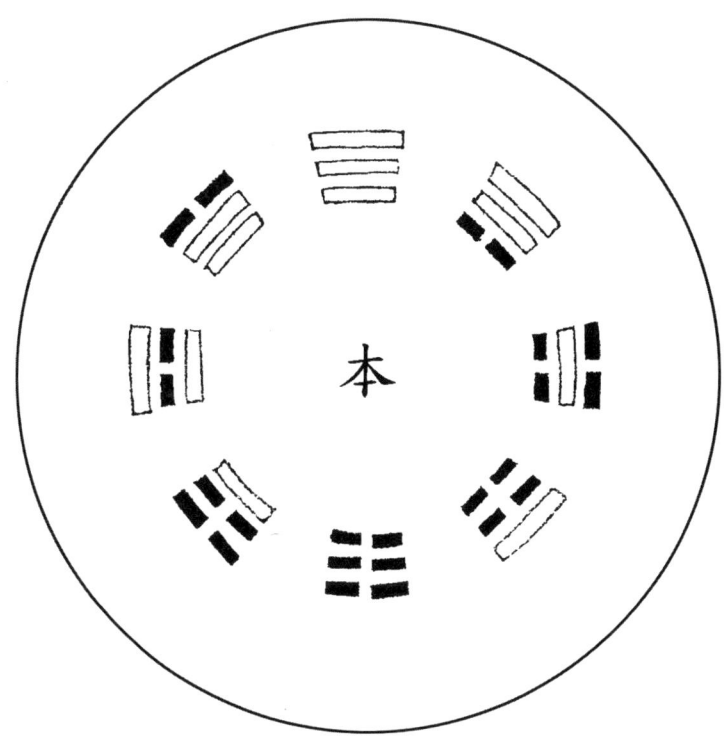

乾坤变化易门开，天地人通任往来。

九直九横分九曜，三经三纬合三才。

乾坤变化，三纬三经。横推直看，三卦分匀。

江东一卦从来吉，八神四个一。

江东一卦起于西，乃天然位数，无有不吉。八神四个一者，是以八卦经四位，以求同气，实为三个一也。三个一者，坎巽兑之一也，坤中艮之一也，震乾离之一也。是有三个一，即有三个二；是有三个二，即有三个三也。此一气相连，实为三个一二三也。所谓"一生二兮二生三，三生万物之玄关"是也。

［直解］八卦分三卦之义，即天地人分三才之义。所以三个一者，即三般卦之三个一也。坎之一也，巽之一也，兑之一也。三个一为乾卦，合天元之一卦也，是为"三才化始"。

八卦分为二卦图诀第七

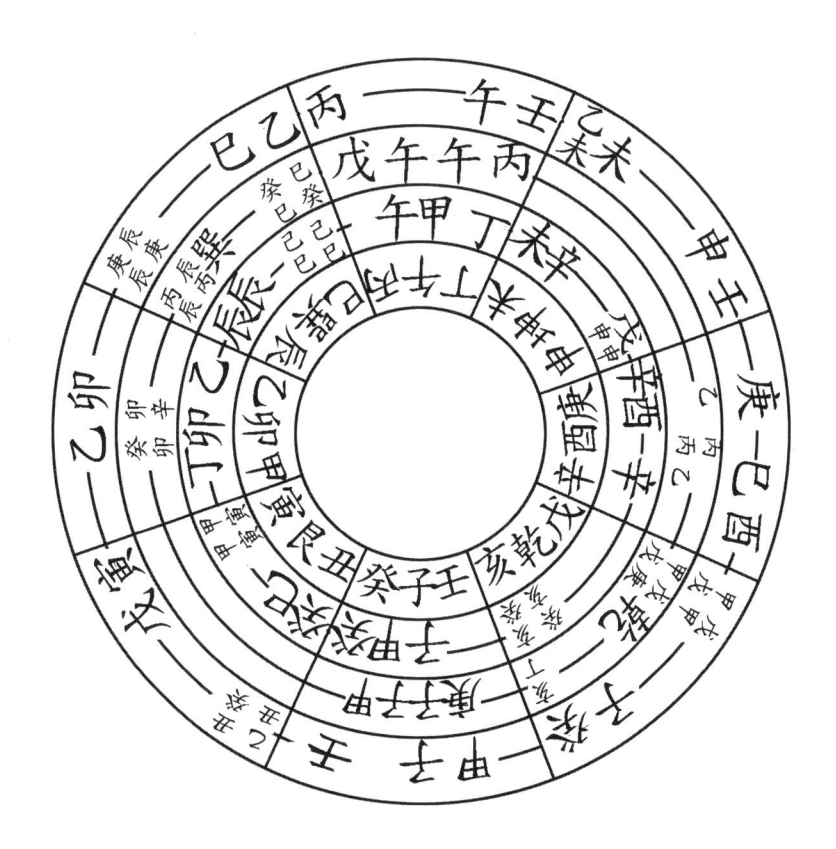

不同三极也相通，两卦终归靠祖宗。

但遇此情皆吉地，每逢是义即真龙。

不同骨肉，却共祖宗。挨着父母，便是真龙。

江西一卦排龙位，八神四个二。

"江西一卦"，乃"江东一卦"之对面，所谓"江西龙去望江东"是也。"八神四个二"者，是以八卦经四位而起父母，实为三个二也。"三个二"者，坎坤震之二也，巽中乾之二也，兑艮离之二也。是有三个一，故有三个二；是有三个二，必有三个三，实为三个一二三也。所以三卦由此而分，八卦九星由此而成也。

[直解]八卦分二卦之义，即三奇变六仪之义也。是有三个一，故有三个二。三个二者，即坎震巽乾离兑是也。三个二为坤卦，合地元之一卦也，是为三才之化机也。

八卦统共一卦图诀第八

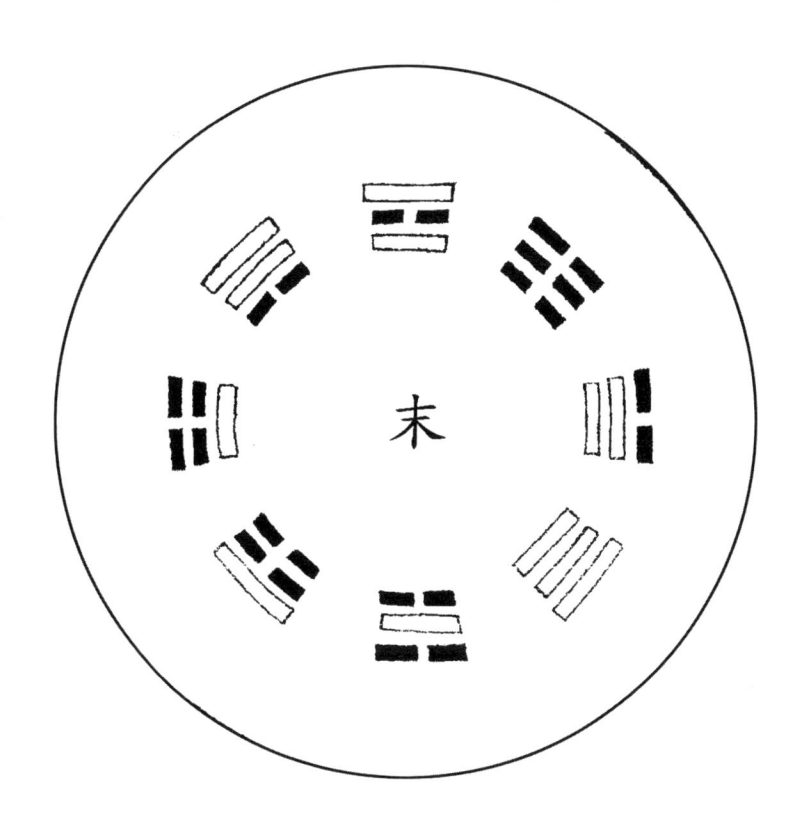

生成变化显方圆，九个星辰任倒颠。

天地五行同一体，乾坤六断合三连。

洛书显象，八卦成形。三同天地，化出九星。

南北八神共一卦，端的用无差。

始云"东一卦"，次云"西一卦"，此云"南北八神共一卦"，岂非三大卦乎！岂非云"江南龙来江北望，江西龙去望江东"之妙义乎！又曰："天机妙诀本不同，八卦止有一卦通"，岂非云此一卦乎！所以惟此一卦，无所不通，无所不达。凡天地万物生成变化，道理尽在此一卦中，是以为入用之极广。

　　［直解］八卦共一卦之义者，三个三也。三个三者，合天地乾坤之三个三也，合五行四象之三个三也，合八卦九星之三个三也。三个三，为乾坤合体，合人元之一卦也，是为三才之化成。

廿四龙管三卦图诀第九

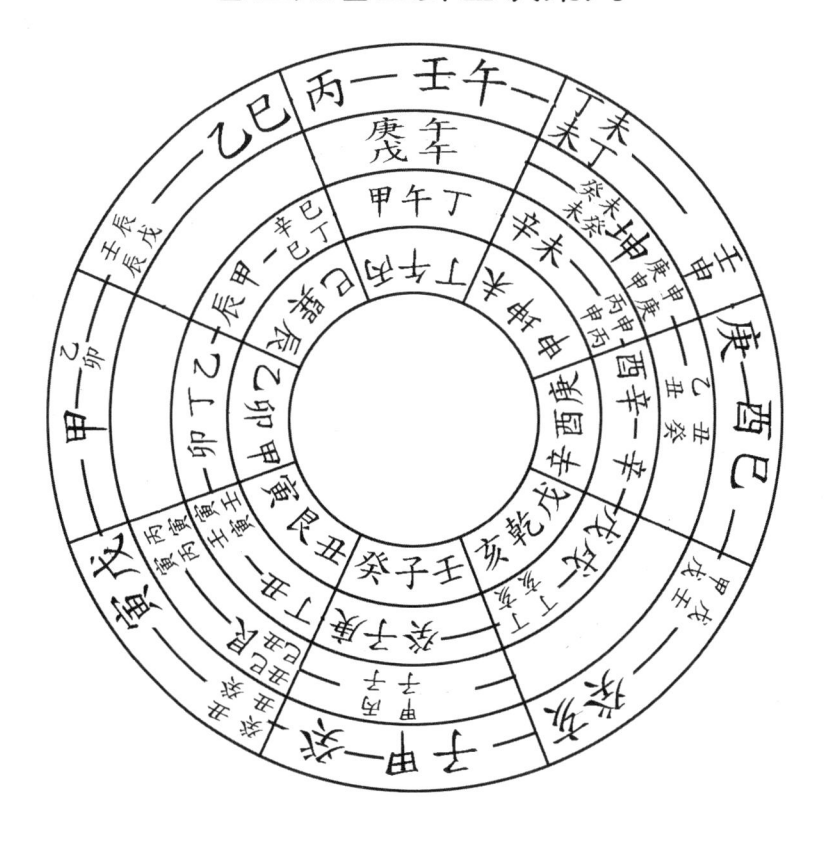

三般卦数理通天，六合回流任自然。

分配九宫知妙义，相生同气亦相连。

二十四龙管三卦，莫与时师话。忽然得知便通仙，代代鼓骈阗。

[增解] 坎至巽是四位，巽至兑亦是四位，八卦皆经四位。三才六秀为一例，父母子息为一例，兄弟子孙为一例。一四七、二五八、三六九，人皆知之矣，而作用配合，虽老于此者尚在昧昧，病在耻受命于先师也。

此图与上三般卦大同小异，而此较为明显。

分别零神正神图诀第十

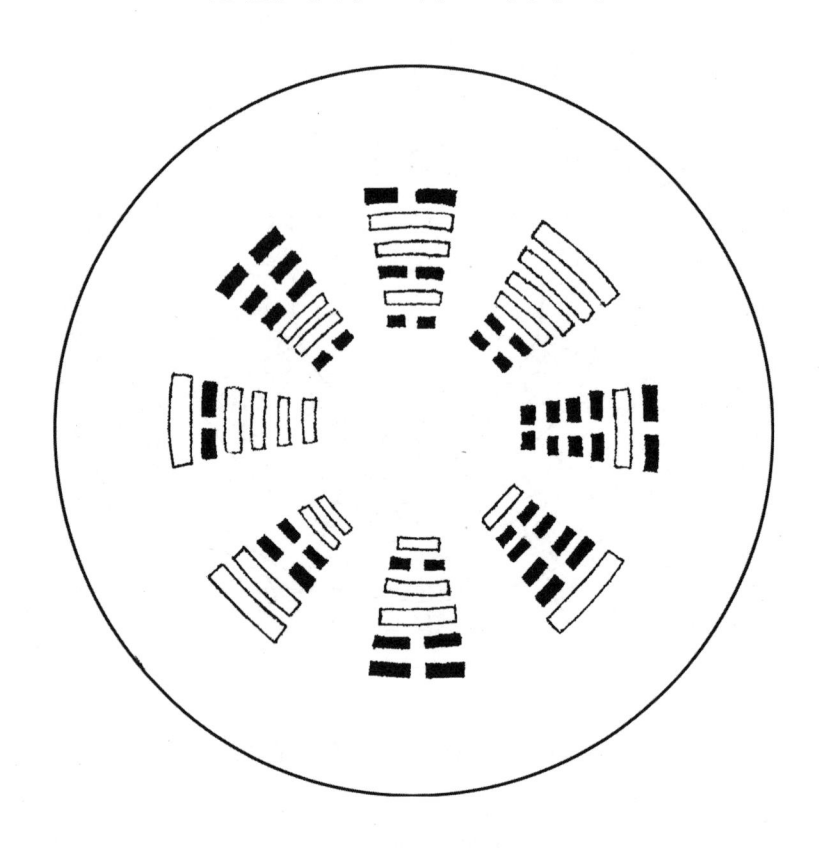

阴阳二字两星辰，龙水相交理气真。

坎位生来为正向，离宫克入是零神。

龙水配合，夫妇情真。零堂合气，正向通神。

阴阳二字看零正，坐向须知病。若遇正神正位装，拨水入零堂。零堂正向须知好，认取来山脑。水上排龙点位装，积粟万余仓。

分零正两字之义有二：有局内之分零正者，有局外之分零正者。局外之分零正者，止许零神入内；局内之分零正者，不许零神出外。如是则为雌雄交媾，天然结地无疑矣；反此则为阴阳差错，并非结地之理气矣。

[直解] 零正两字，即以"山上龙神不下水，水里龙神不上山"二句，则道理了然。山上龙神是说"正"，水里龙神是说"零"。零不能混正，正不能混零是也。

分别珠宝火坑图诀第十一

颠颠倒倒地翻天，气运循环六十年。

珠宝火坑分对面，火坑珠宝近身边。

得之珠宝，失之火坑。时为珠宝，时为火坑。

颠颠倒，二十四山有珠宝。顺逆行，二十四山有火坑。

"颠颠倒"，是说变化之火坑珠宝；"顺逆行"，是说生成之火坑珠宝。生成之火坑珠宝，近在左右；变化之火坑珠宝，近在前后。左右之火坑珠宝，生成已定；前后之火坑珠宝，变化随时。所以为人作事，总要行得正，做得中，便是珠宝。倘有偏心不正，见利忘义，则陷入与火坑矣。明此则火坑变为珠宝之用矣。

［直解］珠宝火坑之义有二：有家中之火坑珠宝，有外路之火坑珠宝。家中之火坑珠宝，总要正则为珠宝，零则为火坑矣。外路之火坑珠宝，总要零则为珠宝，正则为火坑矣。此亦分零正也。

审龙定向分金图诀第十二

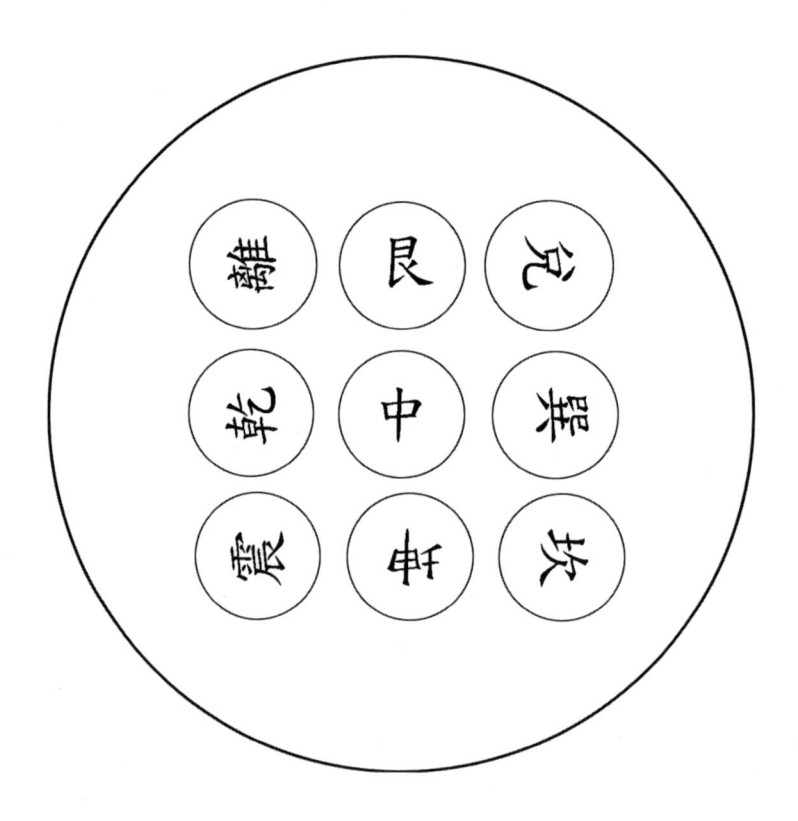

（图：圆盘九宫，分别为 巽、艮、兑、乾、中、坎、震、坤、离）

审龙出脉细心详，天地人兼左右看。

九个分金换内外，三回定向傍中央。

龙有三出。脉有三来。专向三取。执定三才。

前兼龙神前兼向，联珠莫相放。后兼龙神后兼向，排定阴阳算。

前兼龙神，阳龙也。后兼龙神，阴龙也。阴龙相兼有三出，阳龙相兼有三来。三来者左中右，三出者右中左。以左中右评十道，以右中左定天心，以定乘气之中正，以为定福之准绳。此葬法之精微，乃地理家之秘要。所以有葬吉地而不发者，亦有发而不均者，甚至乎不发而绝房者，皆乘气不中正故也。

［直解］审龙定向之法，总以合天地人三才为大体，次以分金定线之法为细用，所以必先审龙为最要也。如不审龙，则无以定向；如不定向，则无以合龙。所谓龙要合向，向合水火合三位吉。［增解］龙有三出者何？天之阳气射穴也，如地气乾，天气午艮酉之三出也。脉有三来者何？或入壬气，或入子气，或入癸气，此天地人之三才也。先执定三才，而后可取三出，此立向之秘诀，即杨公倒杖之法，不用罗经，而分金之深浅可坐而定也。

［直解］媾合坎离。即是三卦同气。三卦同气。便是媾合坎离。是有三卦同气之体。故有媾合坎离之用。坎离之用。是乾坤变化同气之体。是天地生成。

依龙立向分金图诀第十三

向首分金要合龙，阴阳二气贵相通。
先察三才观透地，还从天际认虚空。

此格龙立向消纳配合之秘法。若龙犯剥杂，则以水救之。另自有诀。

〇以三大卦为主，以夫妇图分金，执此亦入用矣。至入神入化，则非研究诸图不可。此三元配合父母，与前兼后兼尽在于此矣。虽然，亦岂易言哉！今人读得《宝照经》数语，则持蒋盘而称三元地师可矣，可耻之甚也。

此图同前，较为明白。

［直解］媾合坎离，即是三卦同气；三卦同气，便是媾合坎离。是有三卦同气之体，故有媾合坎离之用。坎离之用，。是乾坤变化同气之体，是天地生成。

坎离水火交媾图诀第十四

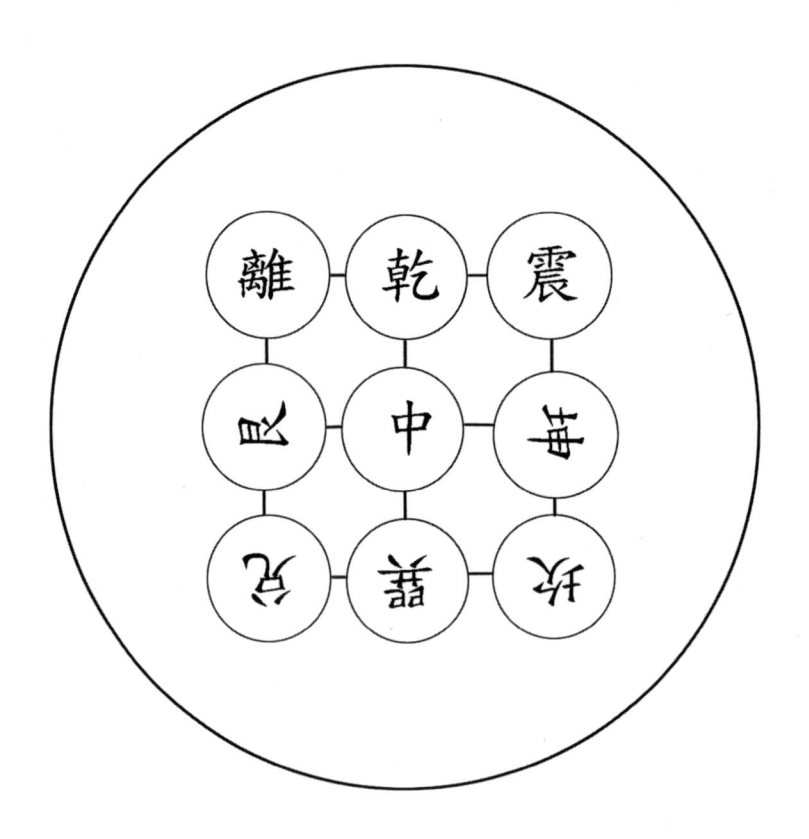

先天变化后天开，南北东西一路来。

坎离中宫通九窍，乾坤逐位合三才。

水火既济，北去南来。坎离合气，妙应三才。

坎离水火中天过，龙池移帝座。

两句上下同义，其妙用在中天。中天者，中五也。若非中五，不能上行下济；若非中五，不得媾合坎离。所以天地万物，逢五则通，逢五则达；逢五则变，逢五则化；逢五则生，逢五则成；逢五则动，逢五则静；逢五则富，逢五则穷。此足见"坎离水火中天过"一句，皆得中五而行变化，得中五而成雌雄者也。

［原批］雌雄交媾大阴阳，天根月窟卦内装。此是乾坤造化本，会时便号法中皇。杨公说个团团转，一左一右两分张。明明说出夫和妇，有个单来有个双。此语宜深味之。

［增解］子与巽交为夫妇，乾与午、壬与辰、丑与庚、寅与丁、辛与寅仿此。父母有父母之夫妇，子息有子息之夫妇。内层八卦中气为父母，外层旁二爻为子息。

倒排父母子息图诀第十五

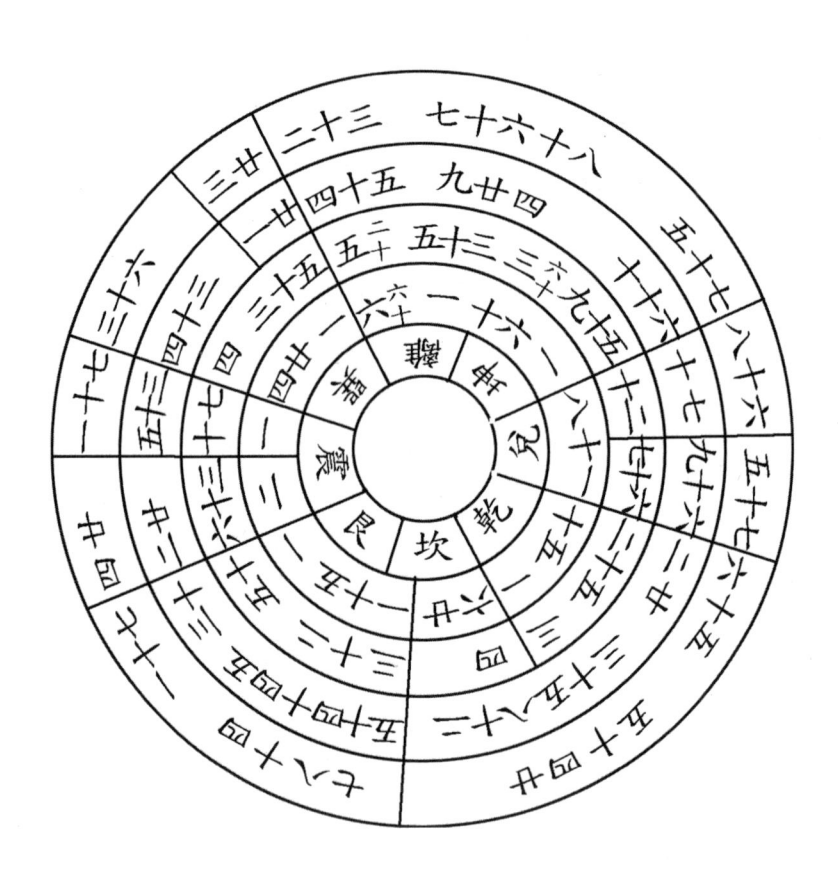

倒排父母是真龙，子息达天聪。

倒排者，即颠倒颠也。大五行作用，全在颠倒。此图粗视之，合十而已；精求之，八卦对待，即坎离交媾。

此诀在夫妇着眼。

挨排九星元运图诀第十六

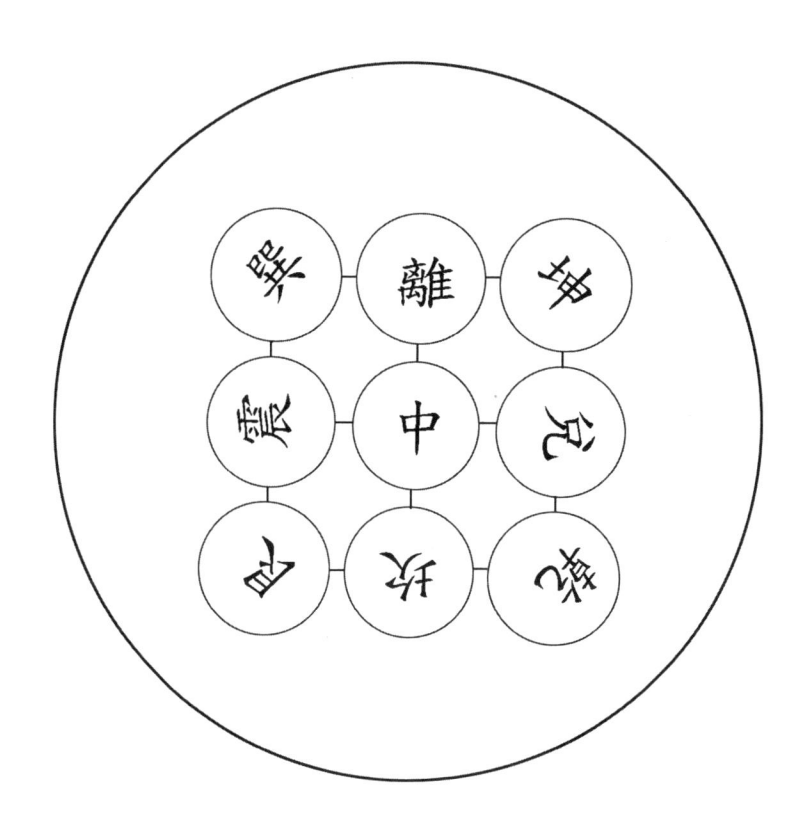

```
巽  離  坤
震  中  兑
艮  坎  乾
```

坤壬乙，巨门从头出。艮丙辛，位位是破军。

辰巽亥，尽是武曲位。甲癸申，贪狼一路行。

此扭转图，乃换星大作用，用断祸福，无不奇验。蒋公已明明说出，但非如俗传，隔四位挨排者，非。

分布四十八局图诀第十七

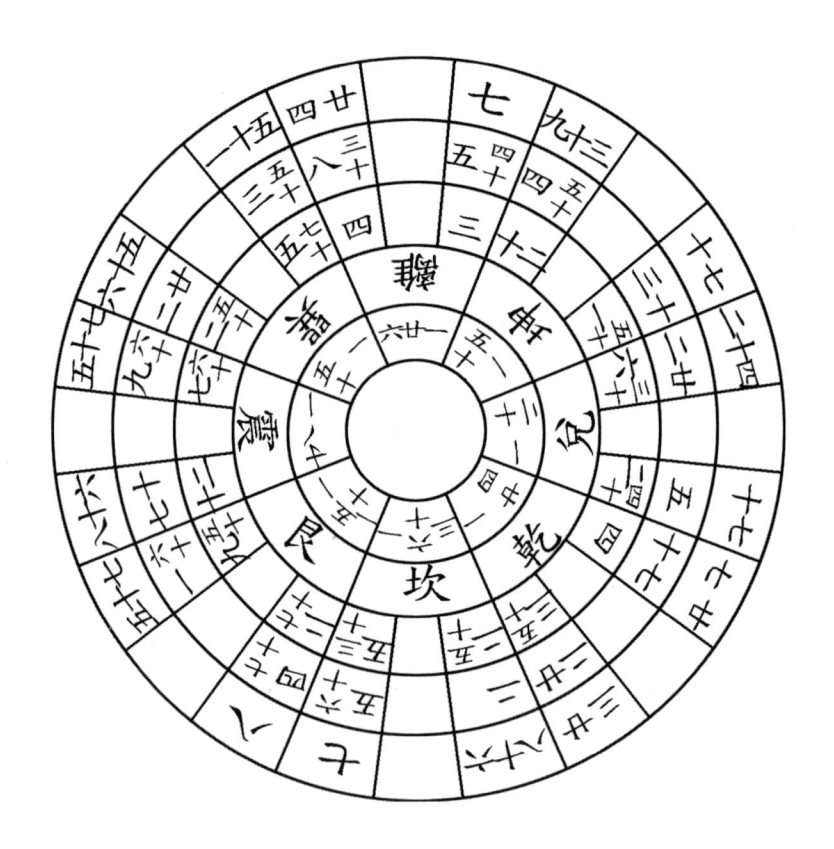

二十四山分顺逆，共成四十有八局。

五行即在此中分，祖宗却从阴阳出。

阳从左边团团转，阴从右路转相通。

内癸亥四柱甲戌四柱挨考政。从源头起，便知属何五行。

[原批]此四柱五行也。玄空用此，最为紧要，乃山水交媾之主宰，但非一言所能尽，须细心考索，方可入用。此与天卦、地卦、玄空下卦皆同一理，相须并用，变化随时。

五星配出九星图诀第十八

一个排来千百个，莫把星辰错。五星配出九星名，天下任横行。九星双起雌雄异，玄关真妙处。本向本水四神奇，代代着绯衣。

[直解]此图同前。人谓"一个排来千百个"，不是说五行四柱，难道九星不是四柱乎！敢问星辰流转要相逢，又着实是那一个相逢？善读《辨正》者，固如是耶！

[增解]一个即是星辰，星辰即是一个，指帝星而言也。帝星随时变化，五行四柱，皆以帝星归垣为主。帝星变化无穷，故五行四柱有千百格式，故云"一个排来千百个"也。五行金木水火土，实统贯九星内，故云"五星配出九星"也。

雌雄交合玄空图诀第十九

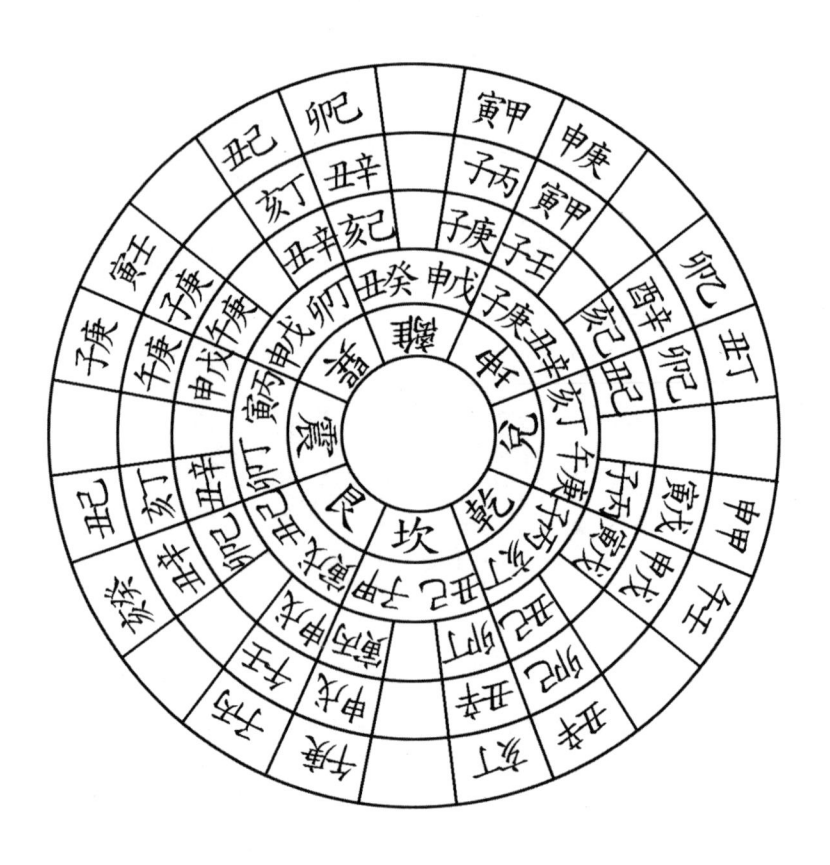

雌与雄，交会合玄空。雄与雌，玄空卦内推。山与水，须要明此理。水与山，祸福尽相关。明玄空，只在五行中。知此法，不须寻纳甲。

[直解] 一遁入玄空之图，一宫是一卦交媾，一图已该八卦，下卦

交则卦卦交，奇绝！

《青囊》开辟首云："杨公养老看雌雄"，奈世人不察，竟不搜寻也。

［增解］别阴阳而言雌雄者，以阴阳属于笼统，盖雌雄乃真阴阳，真夫妇，以义合者也。譬如男成行，女成行，阴阳均同。若非真夫妇，强为牵合，即犯奸罪而祸随之。惟此雌雄，乃真夫妇，义合情投，相交自然而然，而福应可期矣。

《夫妇正配歌》：乾行坤卯造化功，艮酉巽子一样同。寅辛甲乙各有合，巳癸亥丁正相通。甲未庚丑真至宝，丙戌辰壬妙无穷。分明指出夫妇和，不得导师未可逢。

冬至顺行甲子图诀第二十

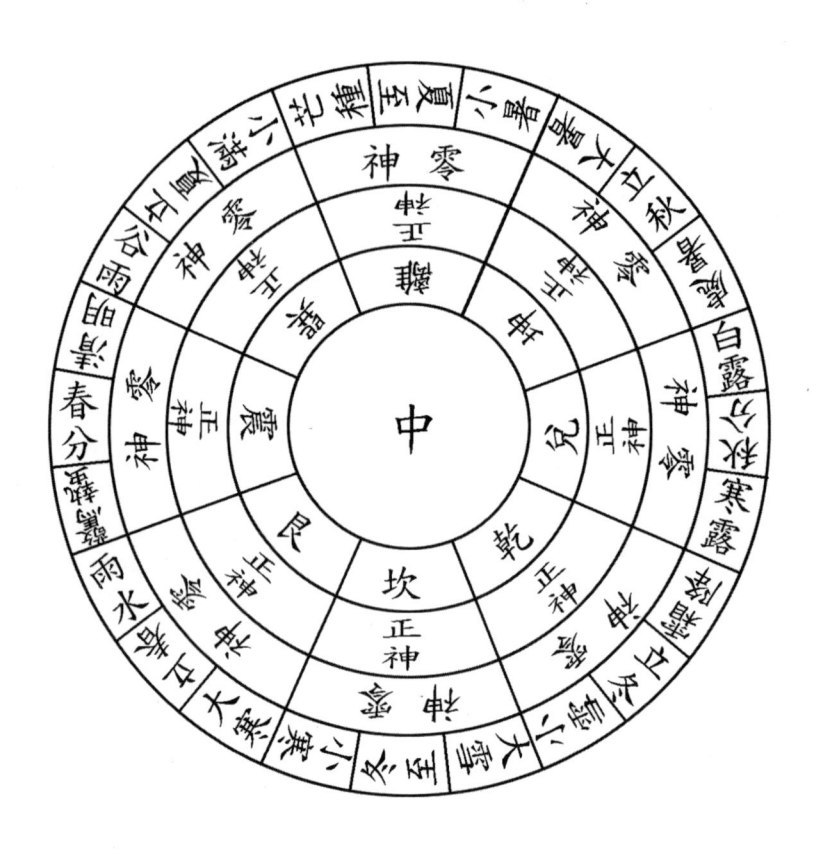

顺行甲子顺天然，天地生生一气连。

反复循环排六甲，流行终始运三元。

顺行甲子，生出天然。贪而至弼，一气相连。

《青囊补注》云：排六甲，以六甲之纪年审运也。冬至顺行甲子，是说生数。生数者，一二三也，四五六也，七八九也，三个一二三也。

所谓"一生二兮二生三，三生万物之玄关"是也。冬至甲子，是为生数之始，所以不得不顺数也。如不顺数，则不生矣，不生则不成矣；不生不成，则无以见八卦九星矣。此便是顺行甲子之本末，自有逆行甲子之根苗。

[直解]甲子生数，即贪巨九星之生数也。如一而二三四五六七八九，一气相连，则为生成之数。如一跳过三，间断其二；甲跳过丙，间断其乙，则非生成之数矣。

夏至逆行甲子图诀第二十一

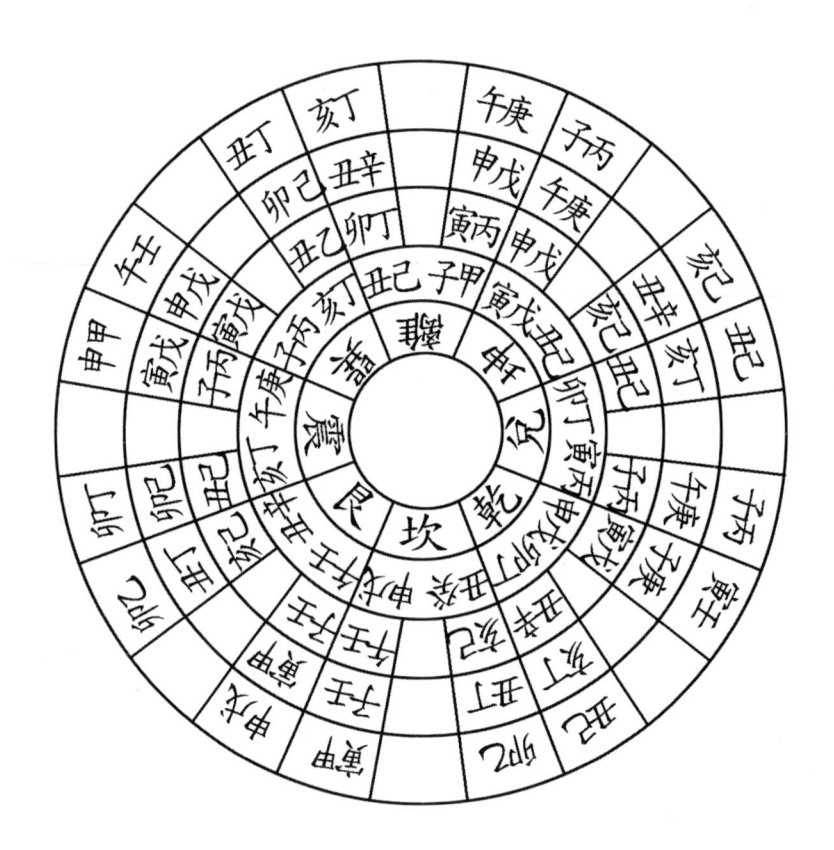

逆行甲子逆行天，反复循还数倒颠。

八卦九星皆换象，一成十道各归垣。

玄空妙用，全在倒颠。生成十道，各自安然。

夏至逆行甲子，是说合数。合数者，二五合一十也，二合八也，三合七也，四合六也，五合十也。夏至甲子是为合数之始，是以不得不逆数也；如不逆数，则无以见起止分合；如无起止分合，则无以见变化生成。所以生数即是分数，成数即是合数。故凡天地万物，不分不变，不合不化；不分不生，不合不成，乃一定之理也。

［直解］两个甲子之数，便是反复申明七星打劫之理，以见离宫相合之义，真为奇妙极也。所以坎宫起甲子，专以求生；离宫起甲子，专以求合。求合者是以逆步，求生者是以顺行。

顺排六十花甲图诀第二十二

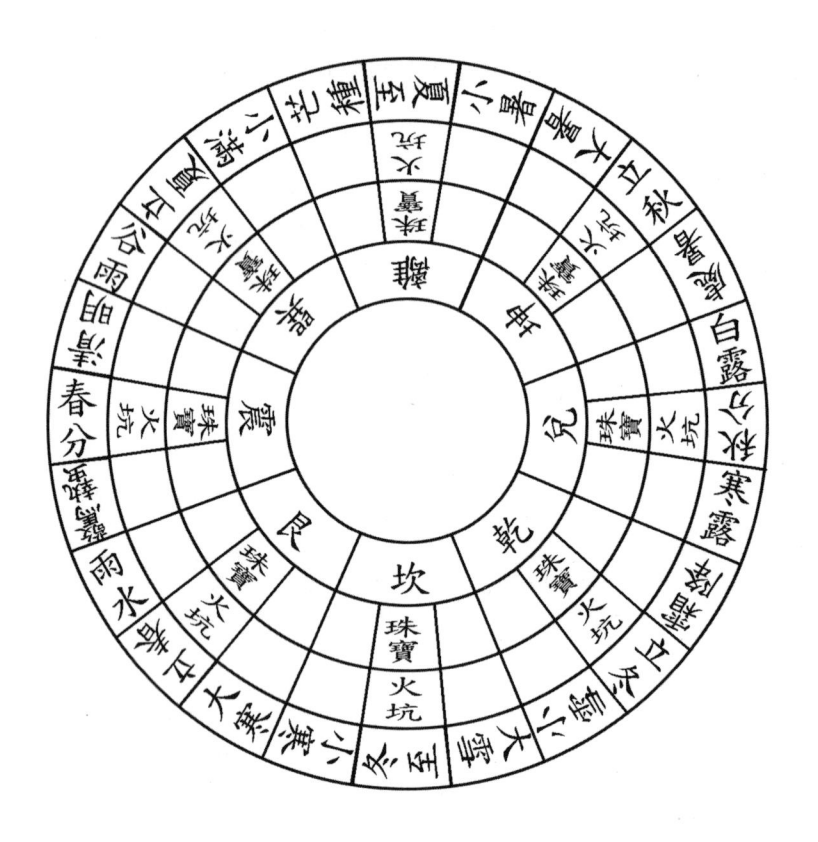

　　以六十花甲挨二十四山，犹乎用六十四卦配二十四山气运也。一年之气运在此，千年之气运亦在此；即天地始终之气运，亦无不在此。精于卦者知之。精于大五行者，不用二三推测，亦能前定。

　　〇此行运相逢图也，两掌明白，并无隐讳，可一望而知者。同宫分起两路，行至止处，如水之交会，亦天然也。

逆排六十花甲图诀第二十三

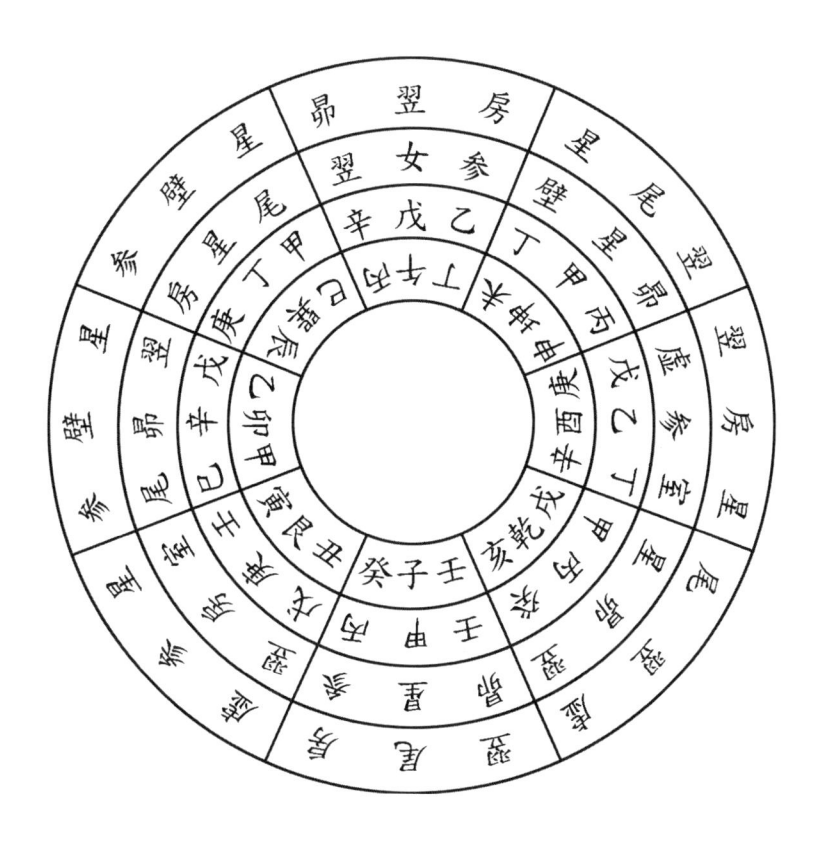

［直解］《青囊补注》云。排六甲，以六甲挨纪年审运也。用三周花甲，分为大运；花甲一周，分三小运，极为准验。此图干支到处，星亦在焉。以星看吉凶祸福，以干支论年月日时，更加灵验。数有乘除，星随移动，妙合妙合！

［增解］阳生于子。生则从顺。阴消于午。消则从逆。运气循还。天地自然之理。

北斗七星打劫图诀第二十四

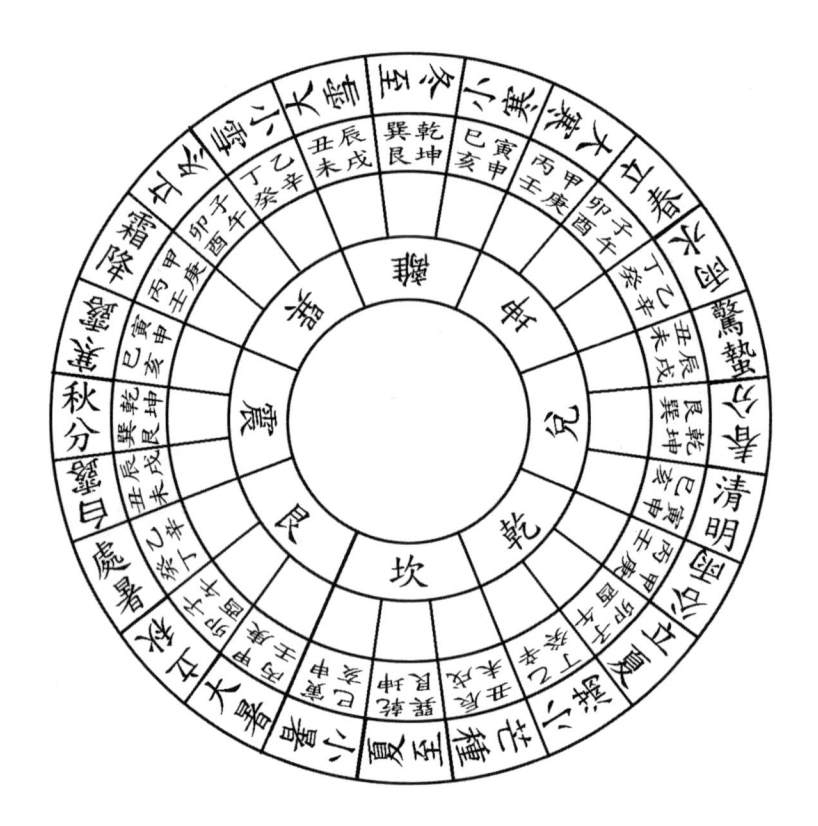

七星打劫少人知，妙义终归两遇时。

祸福均分凭善恶，吉凶判断有公私。

七星打劫，却有疏亲。吉凶判断，善恶分明。

北斗七星去打劫。

七星打劫之义，即如比肩兄弟，相遇之义也。比肩兄弟，为劫财之神,故曰"打劫",岂非凶义乎!然而兄弟有真兄弟也,有假兄弟也。真兄弟者同骨肉,假兄弟者损友也。所以"七星打劫"之义,全在分别兄弟真假,以取断验吉凶祸福。《天玉经》云:"但看太岁是何神,立地见分明。"

[直解]打劫之义,即天地不交之义,干支不合之义,实为贪生之义,所以有"打劫"两字。又云相合相遇,故有吉凶祸福之验。是以相亲则吉,疏则凶矣。分别亲疏,另自有诀。

[增解]七星打劫,即雌雄不交之义。如乾坤艮巽、子午卯酉同是天元,犹同一兄弟。巽子是真兄弟,杂以乾午,即假兄弟。真兄弟是与我亲者,假兄弟是与我疏者。此《直解》云"别亲疏"之义也。如巽是雌,子是雄,巽与子交则吉,与乾午牵合则假兄弟,而凶立至矣。

离宫相合应验图诀第二十五

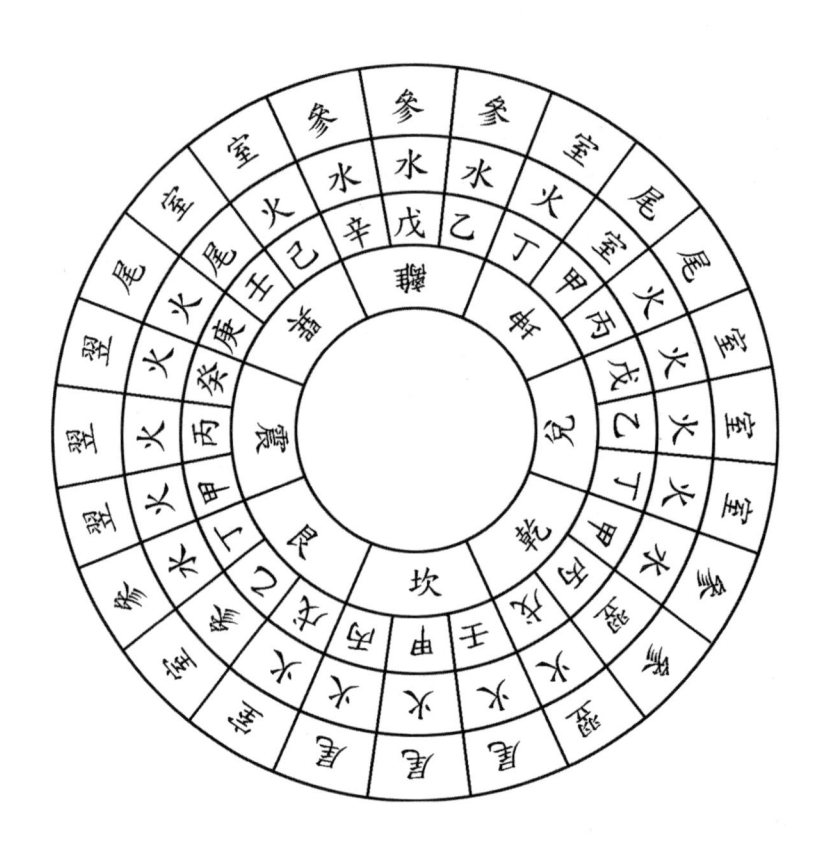

离宫相合说君知，两个金星并体时。
细辨阴阳分顺逆，详推天地合干支。

离宫相合，应验随时。循环二至，天地干支。

离宫要相合。

离宫相合之义，即男女夫妇相逢之义也，即彼此和好之义也，岂非吉乎！然而夫妇之义，有真夫妇也，有假夫妇也。真夫妇在十道之内，假夫妇在十道之外。如果真夫妇则全吉矣，若假夫妇则藏凶矣。所以离宫相合之义，全在分别夫妇真假，以取断验吉凶祸福。

〔直解〕离宫相合之义，即天地上下相交之义，故曰"天地交而万物通也，上下交而其志同也"。所谓天地合干支者，甲子丙寅丁卯见也。《天玉经》云："成败断定何公位，三合年中是。"

〔增解〕离宫相合，即雌雄交媾之义，实天气与地气相交，天地一大阴阳、一大夫妇也。何云？真夫妇巳申乙癸，四者为真夫妇，余皆假夫妇。相合何云？离宫癸与巳不同宫，巳放缺与癸气入穴相通，故云"相合"。《奥语》首云"看雌雄"，即此看法。此诀最秘，知者无几人，余略指之，虽浪泄不禁也。不晓看雌雄，诸图皆成哑谜。

阳局顺相逢数图诀第二十六

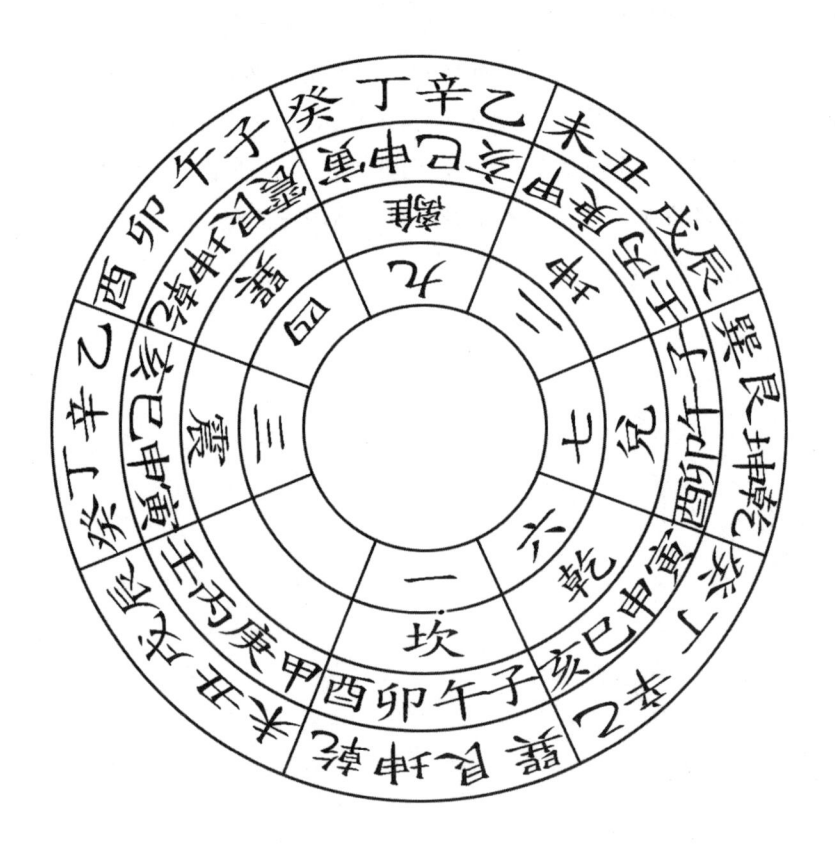

干支重化是相逢，天地循环九气通。

坎位神交三极里，离宫数合一般同。

干支重化，故曰相逢。循环天地，九气皆通。

《宝照经》云：星辰流转要相逢，

阳顺相逢数者，即北斗七星去打劫之数也，九星生成之数也，三卦挨星之数也。是由一起而至九止，贪、巨、禄、文、廉、武、破、辅、弼，逐一挨去，为顺为阳相逢数也。如上元甲子起坎，以六十花甲顺排，每逢是年与天地干支同宫位者，即相逢数也。其逢数也，其年可决断吉凶祸福，灵应如神。

　　[直解]去打劫之去字，足见是挨九星之顺数也。顺数者，自一而二三四五六七八九，此是一条生成之路，所以不得不顺数也。如不顺数，则不足以为挨星，则不足以为九星者也。

阴局逆相逢数图诀第二十七

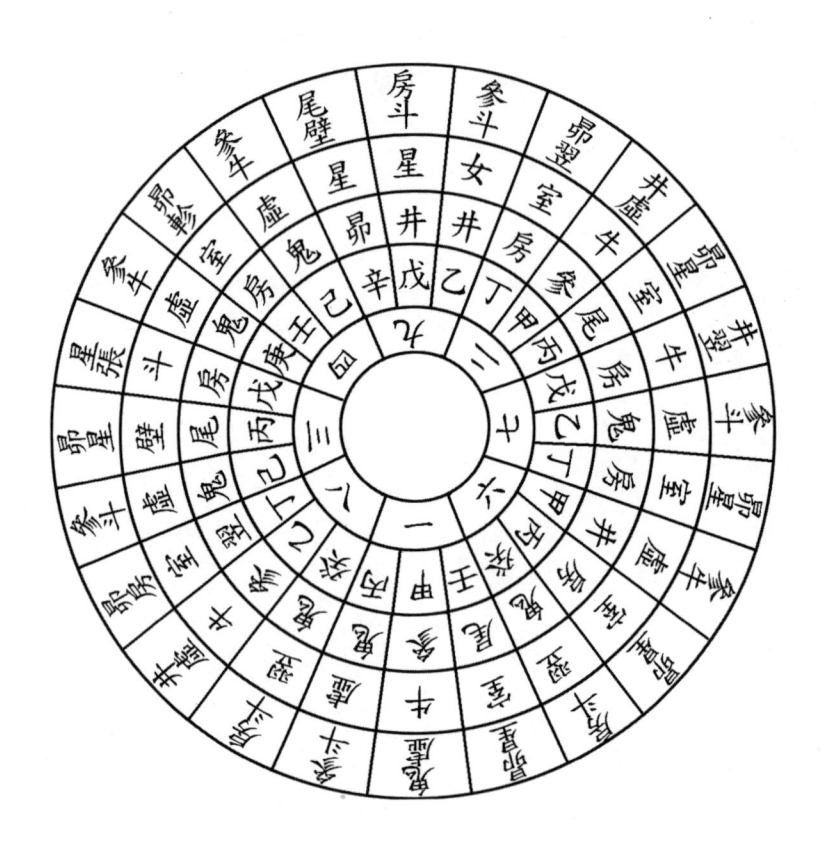

双星聚会得相逢，三卦神通自有功。
祸福不灵虚假地，吉凶应验果真龙。

逆数相合，顺数相通。双星聚会，主客重逢。

《青囊序》云："有人识得阴阳者，何愁大地不相逢。"

阴逆相逢数者，即离宫要相合之相逢数也，即九星变化之相逢数也，是由九起而至一止，弼、辅、破、武、廉、文、禄、巨、贪，逐一挨，为逆，为阴相逢数也。如下元甲子起离，亦以六十花甲顺排，亦每逢是年与天地干支同宫位者，即相逢数也。其年可决断吉凶祸福，灵验如响。

[直解] 要相合之要字，足见是挨九星之逆数也。逆数者，九八七六五四三二一也，此是一条相合之路，所以不得不逆数也。如不逆数，则无以通变化，无变化则无以见相逢之合数也。

立成文破阳局图诀第二十八

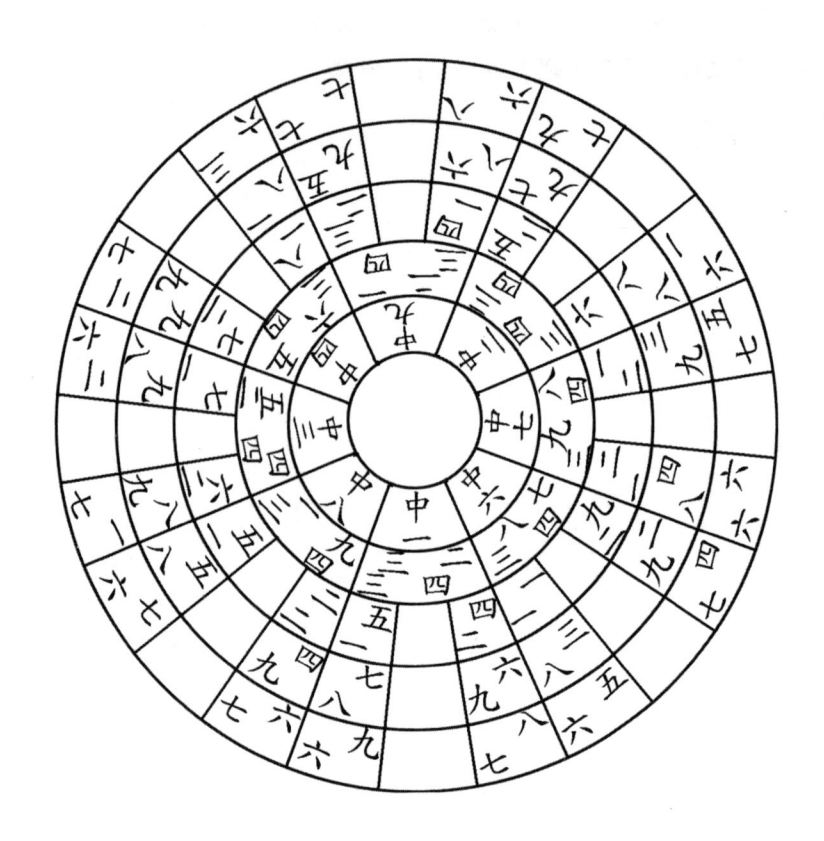

此八卦相逢之数，数至所指处是几数，便知几年几月出何等人物事情，应验预先年月。

[增解] 乾至震五十二数，至离二十二数；坎至巽四数，兑七数；艮至坤十三数；震至乾廿二数，至离五十二数；巽至兑四数，坎卅四数；离至震六十七数，乾廿五数；坤至艮六十一数，兑至坎六十七数，兑至巽七十数。

立成文破阴局图诀第二十九

[增解] 乾至离六十一数，至震四数；坎至兑六十七数，至巽五十二数；艮至坤六十一数；震至离六十七数，至乾七十数；巽至坎二十二数，至兑五十二数；离至乾四数，至震七数；坤至艮十三数；兑至巽二十二数，至坎四十三数。

北斗七星左旋图诀第三十

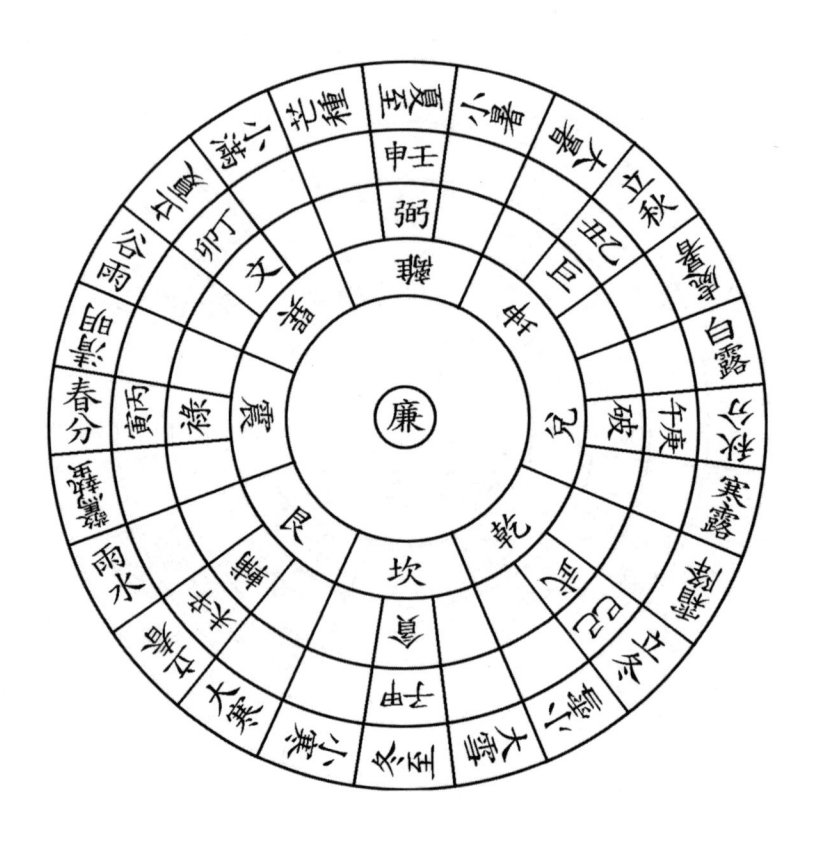

[增解] 冬至后阳局，坎宫起甲子，左旋，己丑排至艮，丙寅排至震，丁卯至巽，戊申至离，辛丑至坤，庚午至兑，余卦仿此。

〇此在癸丑、艮寅、甲卯、乙辰、巽巳、丙午龙向砂上峰峦上着眼。

坎	艮	震	巽	离	坤	兑	乾
艮	震	巽	离	坤	兑	乾	坎
震	巽	离	坤	兑	乾	坎	艮
巽	离	坤	兑	乾	坎	艮	震
离	坤	兑	乾	坎	艮	震	巽
坤	兑	乾	坎	艮	震	巽	离
兑	乾	坎	艮	震	巽	离	坤
乾	坎	艮	震	巽	离	坤	兑

北斗七星右旋图诀第三十一

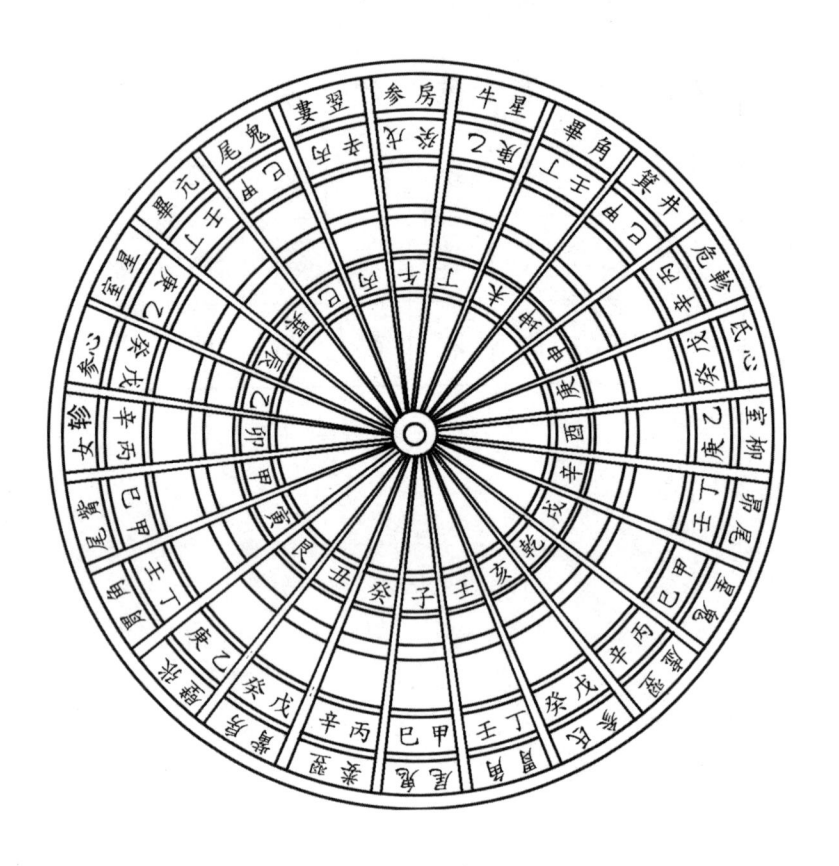

　　[增解] 夏至后阴局，离宫起甲子，右旋，丁亥排至巽，庚午到震，辛丑到艮，戊申到坎，丁卯到乾，丙寅到兑，己丑到坤。余卦仿此。

　　○此在丁未、坤申、庚酉、辛戌、乾亥、壬子龙向砂水峰峦上着眼。

离	巽	震	艮	坎	乾	兑	坤
巽	震	艮	坎	乾	兑	坤	离
辰	艮	坎	乾	兑	坤	离	巽
艮	坎	乾	兑	坤	离	巽	震
坎	乾	兑	坤	离	巽	震	艮
乾	兑	坤	离	巽	震	艮	坎
兑	坤	离	巽	震	艮	坎	乾
坤	离	巽	震	艮	坎	乾	兑

九个挨星满数图诀第三十二

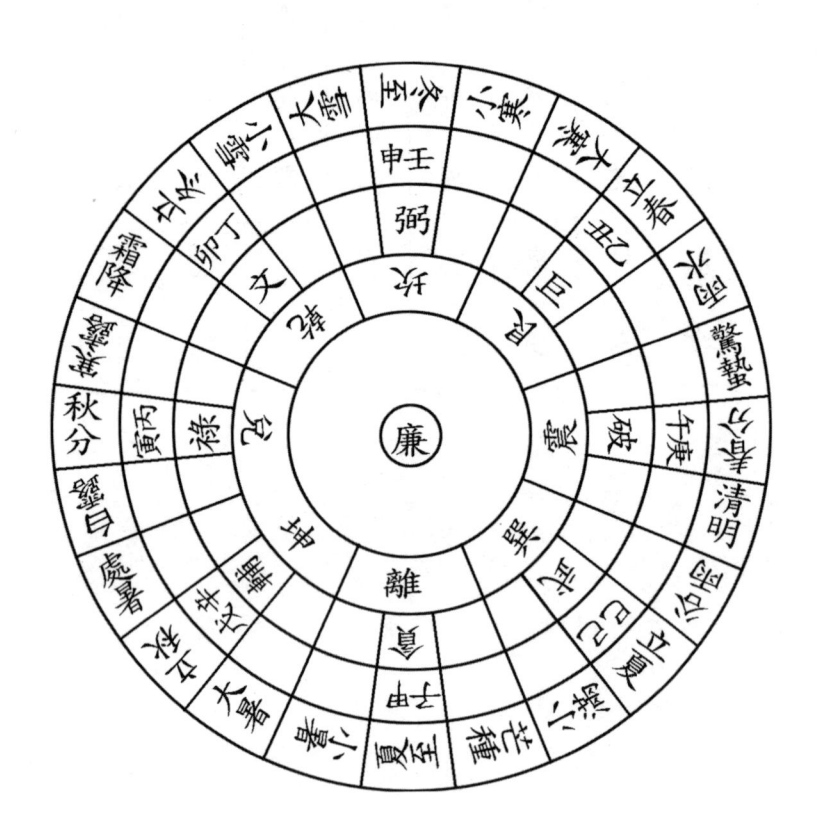

乾坤变化万千端，天地氤氲气一团。

八卦九星皆动静，五行四象共盘桓。

乾坤变化，妙气一团。五行四象，合共盘桓。

惟有挨星为最贵，泄漏天机秘。

最贵者帝星也，挨星者即帝星之行运也。满数者，乃帝星之极数，即天地之合数也。极数者，九六五百四；合数者，九九八十一也。前者圣贤有言，"此一时也，彼一时也，五百年必有王者兴"，岂非泄漏天机乎！所以五百四年，天地有此一变，而万物亦有此一变。故凡天地万物生成变化，总不出挨星范围。

［直解］九个挨星满数之义，更有九个挨星奇妙之理。见《青囊奥语》云："第四奇，明堂十字有玄微。第五妙，前后青龙两相照。"凡读者即将此二句细心索解，则道理得矣。

天地生成规矩图诀第三十三

生成地理合天文，气感神通两仪分。

夫妇相交应闭户，雄雌未变不开门。

雄雌合气，夫妇交光。乾坤下种，天地包含。

天地规矩，内柔外刚；自动自静，自行自藏。参奇合偶，并体阴阳；无分清浊，混沌玄黄。外成手足，内合心肠；分明四象，配合五行。一横一直，自作纪纲；生成十道，变化五皇。东南西北，统理中央；自中自正，自圆自方。至穷至富，至善至良；五十五数，两画推详。雄雌合气，夫妇交光；乾坤下种，天地包含。三春建业，十月名扬；时通运至，子母分张。起止分合，动静循环；一团妙气，天地文章。

日月变化方圆图诀第三十四

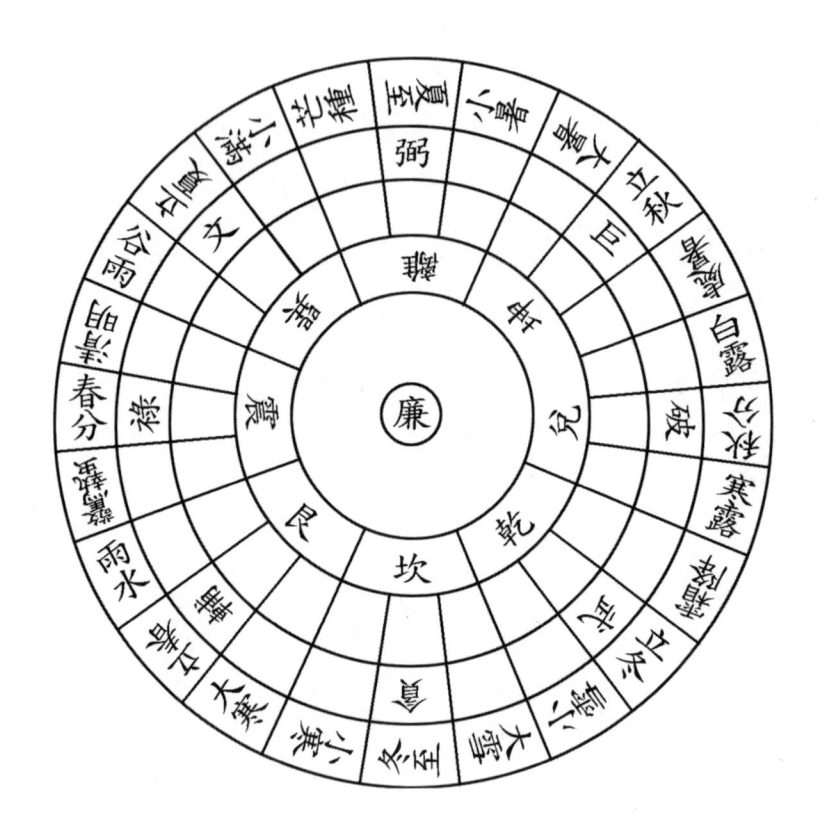

乾坤变化地开天，子丑寅通一气连。
顺逆阳阴分昼夜，往来日月合方圆。

支神属地，干神属天。生成规矩，变化方圆。

日月方圆，即是天地规矩；天地规矩，便是日月方圆。静为天地规矩，动为日月方圆；化为天地规矩。变为日月方圆。天地规矩，为日月方圆之体；日月方圆，为天地规矩之用。体在东南西北之内，以成十道；用在春夏秋冬之中，以定天心。所以吾书专讲天心十道，作用尽在十道天心。是以两圆一气相连，体用相并，不可以相离者也。

朱雀发源挨星图诀第三十五

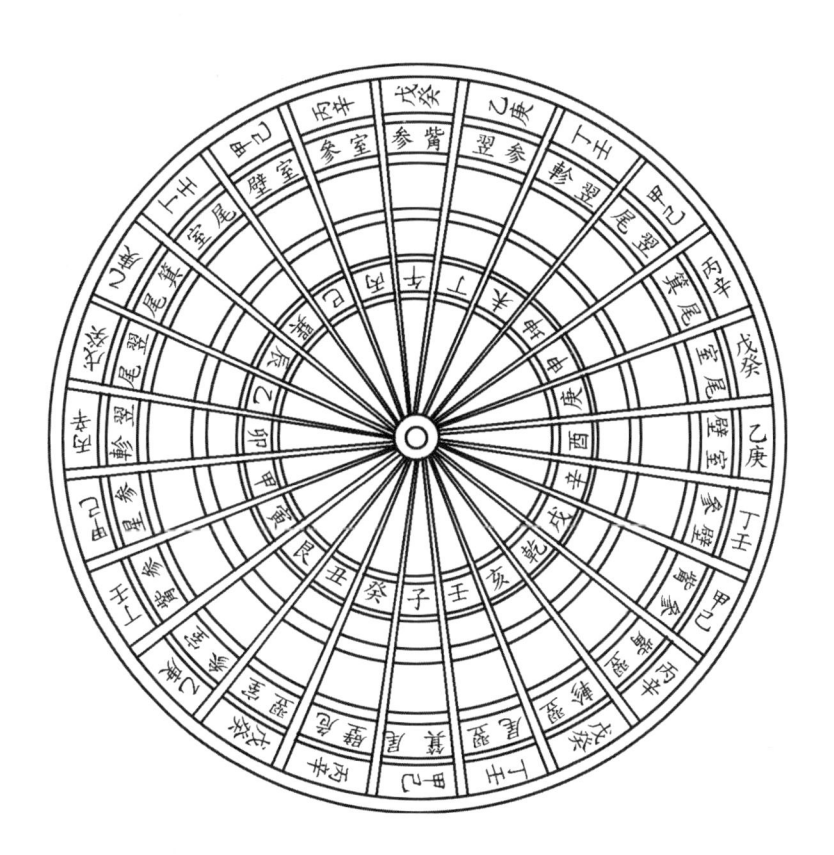

挨星起例乙庚伸，北极通天化九辰。
逆步离宫知妙义，顺行坎位见精神。

顺往逆来，五星化始。生入克出，九星化成。

朱雀发源，即是帝星起例；帝星起例，便是朱雀发源。帝星为朱雀之体，朱雀为帝星之用；体在紫微垣之内，用在太微垣之中。所以朱雀在南，其本体实在北。是以紫微宫发源，为挨星起例。挨星者，乃帝星之行运；起例者，即朱雀之发源也。一生入，一克出；出入者离宫逆步，克出者坎位顺行。顺行火金木土水，逆步火土金水木，此即帝星行运之义，五星配九星之义也。

［直解］此挨星，即《辨正》"五星配出九星"之句，即是此配法也。凡天地万物总以气为体，而天地万物皆为用也。气即乾阳属金之气，能始万物此气，能终万物亦此气。所以挨星之法，是由乙庚向起，挨至戊癸向止，逐位相挨，相克而去；离一位而挨，相生而来，即配出九星之名矣。

合禄马合官星图诀第三十六

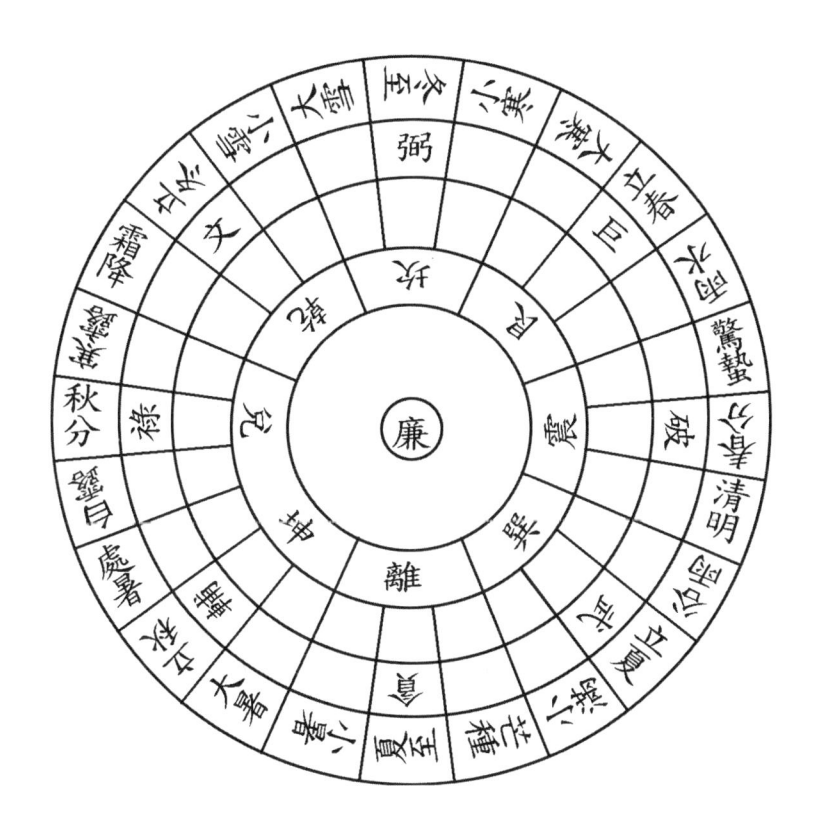

合禄合马合官星，本卦生旺寻。合凶合吉合祥瑞，何法能趋避。当看太岁是何神，立地见分明。

生旺乃全书之作用，切勿忽过。

○此诀最秘，催福极神速，极奥妙，亦极容易。举凡一百二十家，无过于此。

禄马官星生旺图诀第三十七

用法最重生旺。在生旺之位，得生旺之气，则妙极而福应立至矣。

[增解] 当令者为旺，将来者为生，方去者为衰，去已久者为死。

挨星妙合天心图诀第三十八

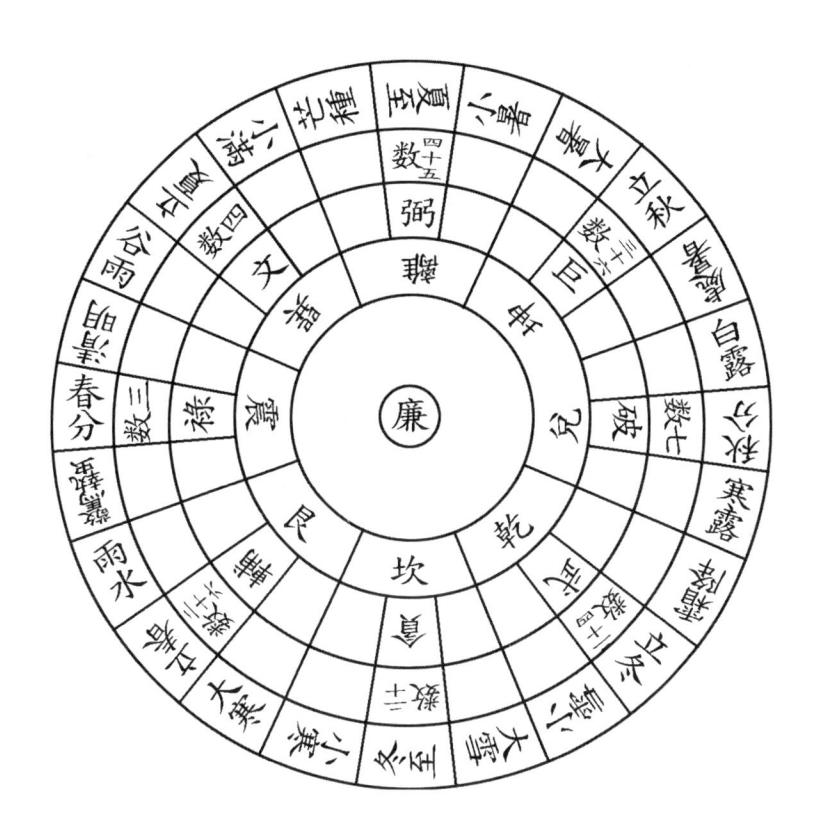

用法同上。前刻总指一图，今分而为三，原无二义，但觉醒目。三图规矩，全凭修者在人。诸诀皆然。

天帝太阳合贵图诀第三十九

此图用处极广,日家尤要。其阴阳平排,交互配合,妙出天然。至矣!尽矣!蔑以①加矣!得者宝之。

---

① 蔑以:没有可用来。《子产却楚逆女以兵》:"又使围蒙其先君,将不得为寡君老,其蔑以复矣。"

天官赐福贵人图诀第四十

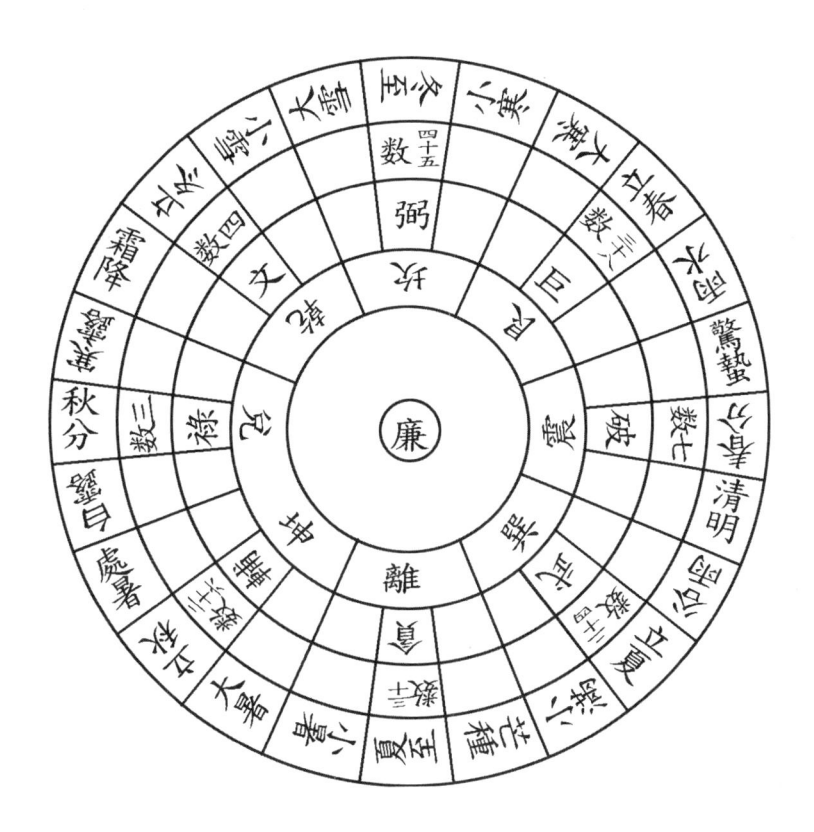

天官起例诸君知，十个干加十二支。

数至阳阴交合处，还归日月显明时。

天官上殿，日月合明。阳阴合气，宾主有情。

天官起例，即丙子、乙丑、甲寅、癸卯、壬辰、辛巳、庚午、己未、戊申、丁酉、丙戌、乙亥。如贪狼、巨门用事，以甲寅己未为进福；破军、左辅用事，以庚午乙丑为进福；禄存、武曲用事，以丙子辛巳为进福；文曲用事，以壬辰丁酉为进福；右弼用事，以戊申癸卯为进福。内有五福堆贵，最为吉格；更有五福堆禄，亦上吉格也。此说四垣中之天官星，赐福之真贵人也。

　　［直解］凡逢三合及六合，人皆知之矣；用三合之与六合，世罕知也，于斯图也有然矣！〇此格式"交合"二字最妙，宜细心考订深究。还归日月者，是用日与月交合，看下干支，加笔批正，如列眉。

　　《天官贵人说》：天官贵人起例，即是甲寅、己未、丁酉、壬辰、乙丑、庚午、乙亥、庚午、乙丑、乙亥、庚午、辛巳、丙子、丙戌。贵人虽同，用法却异，皆大五行垣局之贵人也。大五行之垣局有廿四，至于大五行选择，原有三千六百；今余选择人所易明者七百二十课上格，以为择家之妙用也。另有《天心日谱》。

加官进禄八位图诀第四十一

禄星八位十分清，天地神通自显明。
日月交中知妙义，阳春到处见真情。

禄星八位，十字分清。干支配合，自有真情。

禄星名义公同，玄空用法却异。最贵者以官合禄，至富者以禄合马，皆要合在本卦，谓之"合禄合马合官星，本卦生旺寻"是也。如贪狼、巨门用事，以甲寅、甲午为进禄；禄存、武曲用事，以辛酉、辛巳为进禄；破军、左辅用事，以庚申、乙卯为进禄；文曲用事，以壬午、丁亥为进禄；右弼用事，以癸巳戊子为进禄。此即四垣中之仓库星，应天心十道之真禄星也。

[直解] 加官即是贵人，贵人以进禄为先。贵人到，禄星必到；禄星到，贵人必随。此城垣局之一定也，故曰"加官进禄"。所以贵人禄马分均四垣之中，惟有禄星相近帝星，贵人禄马诸星宿包围于外，此城垣之局势也。所以择日用事，先以禄星为重，至于福星马宿诸星同。

马上金街四神图诀第四十二

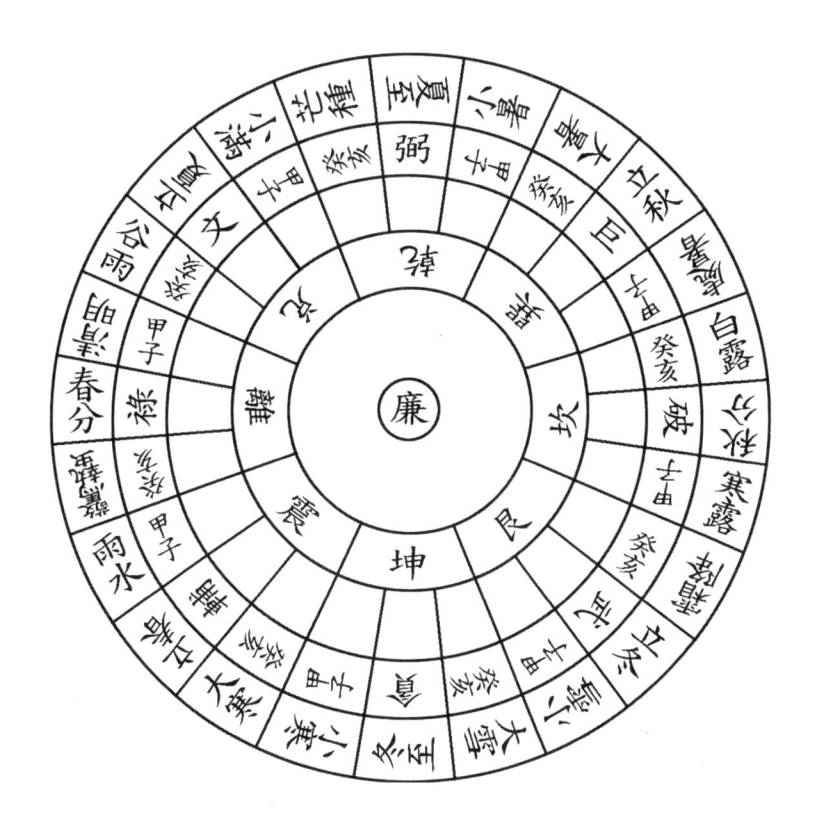

马化龙驹天地春，三关四路显星辰。
寅申会合知虚实，巳亥同参见假真。

马又属龙，动性皆同。金街御——主仆相逢。

马即寅申巳亥，无主乃是野马；帝星升殿归——有主方为真马。所以四垣帝宿，正是四马主人。如天市垣以辛巳为进马，少微垣以乙亥为进马，太微垣以戊申为进马，紫微垣以甲寅为进马。至于四垣分宫，各自有马，各有挨星，类推自明。细玩本图，更为易见，总以主人得位为真。此说四局中之祯祥，五妙中之瑞气，应天心十道之真马也。

　　[直解]马性好动，禀乾性也。故乾为马，马即乾。四隅为乾所止之处，四隅角所以为马之栏。乾为阳性本圆，所以方止圆。马性好动，行乎山顶，为艮之一止也，所以艮甲为马栏。马本属阴，又为阴所断，为巽之二止也，所以巽丙为马栏。马原逆行，使阴而顺，是坤之三止也，所以坤庚为马栏。马行至健，前有险阻，夜后时使其止，与牛同眠，所以乾壬为马栏。此指四马归栏之情由，进于四垣中之作用也。归栏之马，断不能行，待时所动也。

天乙贵人上殿图诀第四十三

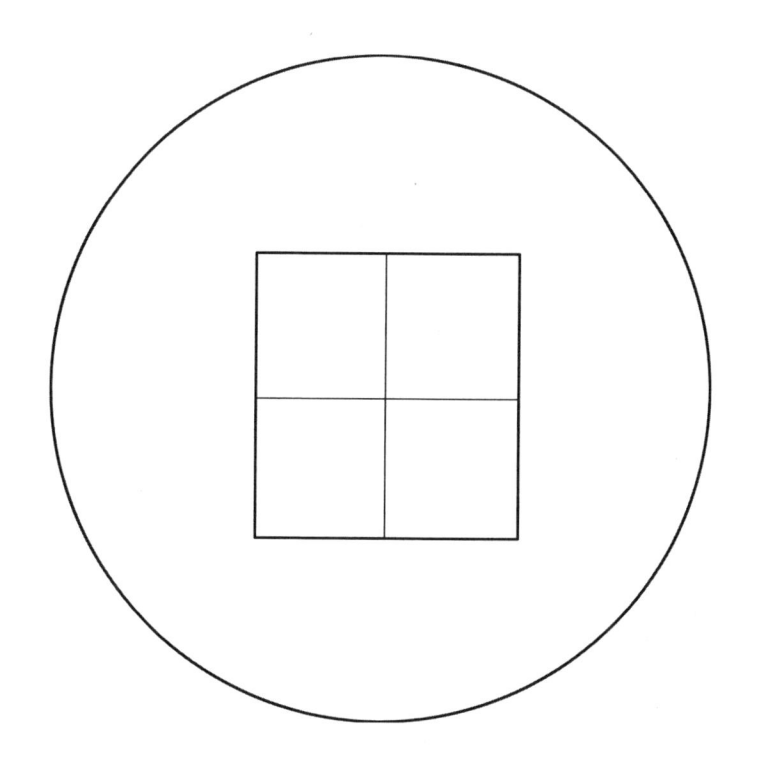

贵应玄空昼夜清,干支配合显声名。

阴阳两路终非据,夫妇双关最可凭。

官星贵宿,昼夜皆清。离通坎气,自有真情。

合天心自然进贵,通月气自显星辰;却有真伪之别,并无昼夜之分。如贪狼、巨门星体用事,甲子、己丑、甲申、己未为进贵;禄存、武曲星体用事,丙寅、丙午、辛酉、辛亥为进贵;破军、左辅星体用事，乙丑、乙未、庚子、庚申为进贵；文曲星体用事，丁巳、丁酉、丁卯、丁亥为进贵；右弼星体用事，癸巳、癸卯、癸丑、癸未为进贵。此说四垣中之正官星，应天心之真贵人也。

　　［直解］言贵人者，曰"真贵人"，曰"假贵人"。既为贵人，何得而假言也？非我贵人也。是我贵人，必是我福；是他贵人，求福反致祸，一定之理也。总而言之合天心，天心内外皆贵人。所以天心日课之妙用，将以用事之人事，以用神入乎天心。福星禄马贵宿，不求而应也。

乾坤生成洛书图诀第四十四

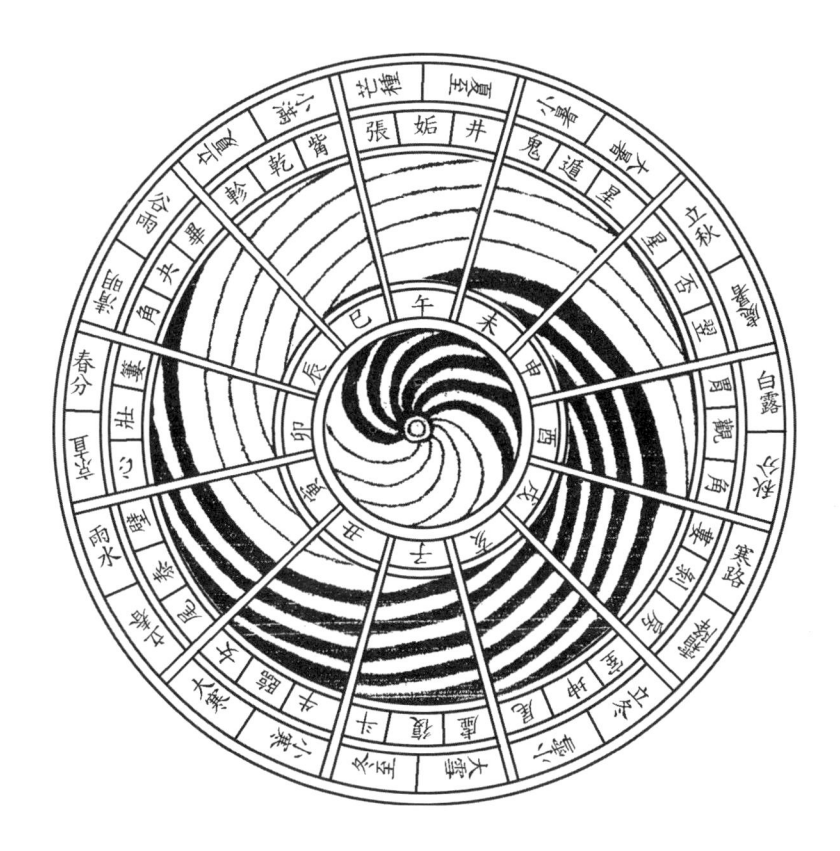

洛书满数显乾坤，八卦图中化九天。
北极生成南极体，紫微变化太微垣。

洛书两个，同共九天。先本后末，一气相连。

洛书道理止一，吾书分而为二；不知一即是二，二即一也。凡读者知所先后，则道理明矣。如先之洛书，乃天地变化；后之洛书，是乾坤生成。先之洛书，是天地分用；后之洛书，是乾坤合体。先之洛书，为乾坤创业；后之洛书，是天地成功。先之洛书，是由本而至末；后之洛书，是由末而复本。皆出乎天理之自然，未有一毫私议者也。

　　[直解] 洛书之义，即天地人三才之义。所以三个太极而成天地，三个三极而成乾坤。乾坤成而八卦九星成矣，八卦九星成而万物随即成矣。故凡天地万物皆由三数而生，三数而成者也。

洛书变化河图图诀第四十五

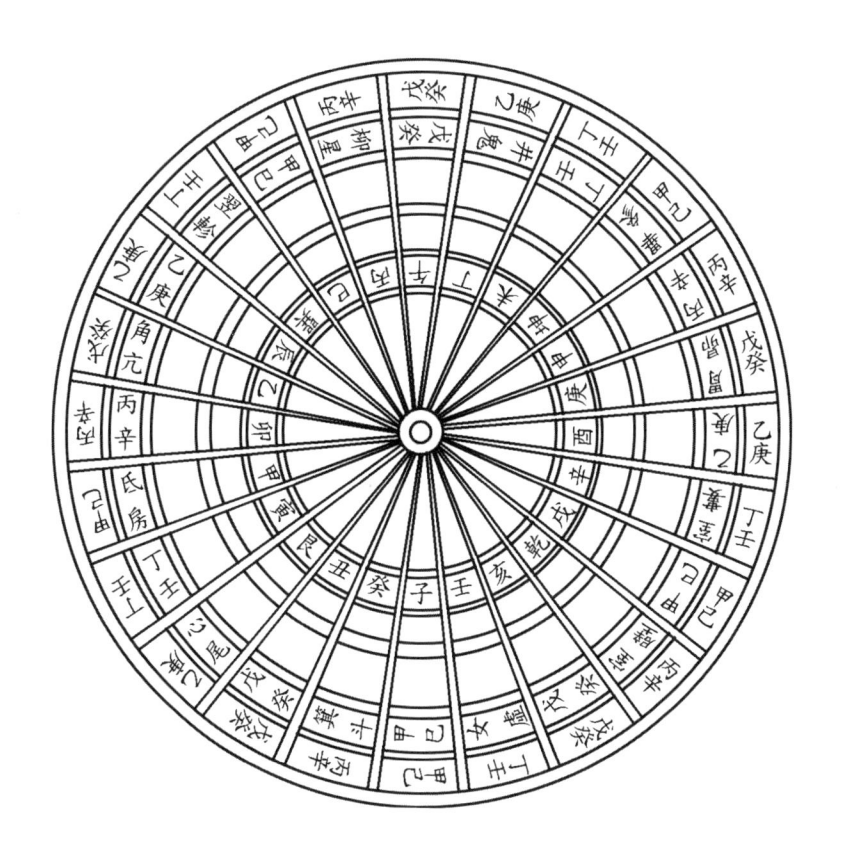

河图两个细推详，本末根苗一样装。

四象中央同脏腑，五行内外共心肠。

河图两个，道理二条。五行四象，本末根苗。

河图道理公同，吾书解法略异，使后学者心目了然；以见吾书解法简切，所说道理真实不虚；以见道理之极深，以见道理之至浅也。浅者一也，深者亦一也；两一之中，无穷变化，道理无不具备。前者圣贤，概已发明；无如世人，多不领会。程子所谓"始言一理中，散为万事末；复合为一理，岂非云河图"之妙义乎？所以吾书图诀，以河图变洛书为始，以洛书化河图为终；以河图变洛书为本，以洛书化河图为末；其余各图作用，尽在本末始终之中。《大学》所谓"物有本末，事有终始；知所先后，则近道矣"，所以谓之"大学"。"大学"者，大人之学也，岂可与庸人而语哉！

[直解]河图分开两说，道理终归一条；无非分别先后，申明本末根苗。所以河图静极复动，始变洛书为本；洛书动极复静，终化河图为末，皆乾坤之变化，天地之生成者也。

增著天元龙歌图诀第四十六

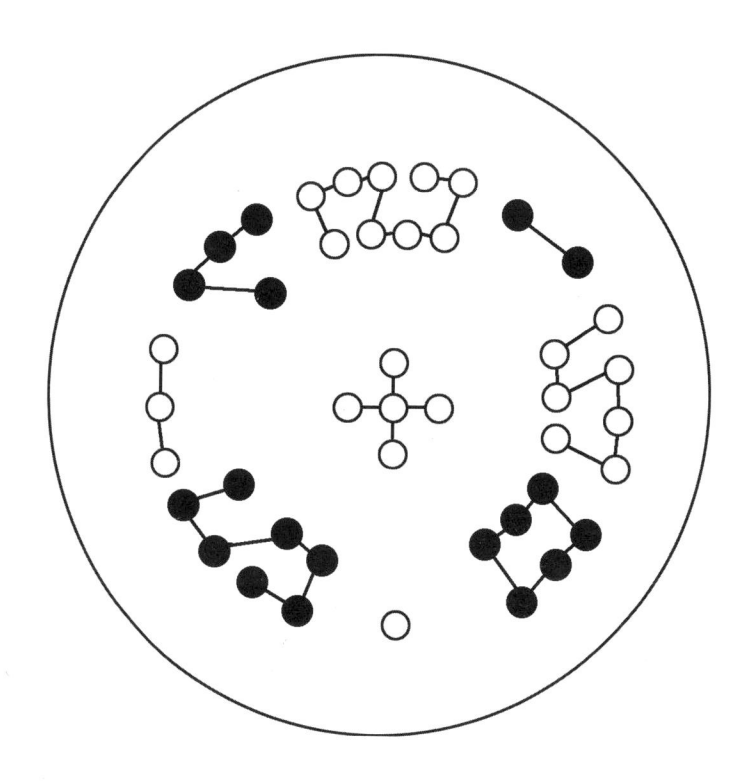

[增解]《天元歌》云："取得辅星成五吉，山中有此是真龙"，此从龙上取辅星以补龙也。天元兼收辅弼，是一元而兼两元，龙力更厚，发福愈长。取辅星，如子来脉兼癸，即从癸倒排父母；癸与巳交为夫妇，又为父母，即在巳起贪狼；顺挨至子宫，即辅星也。如午、丁、卯、乙、酉、辛，仿此。

增著地元龙歌图诀第四十七

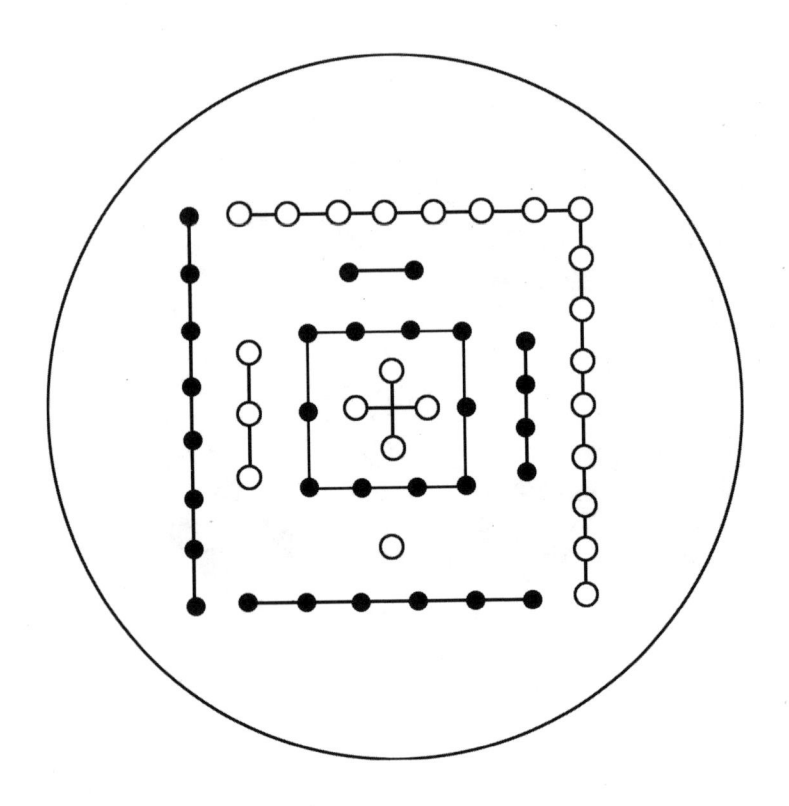

[增解]《地元歌》云："甲庚丙壬为正向，脉取贪狼护正龙"，此从向上取贪狼以补龙也。取贪狼法，如辰龙坐丙向壬，即从壬向倒排父母；壬与辰交为夫妇，又为父母，即从辰起贪狼，则贪狼即在辰龙也。若甲、未、庚、丑、丙、戌，仿此。

增著人元龙歌图诀第四十八

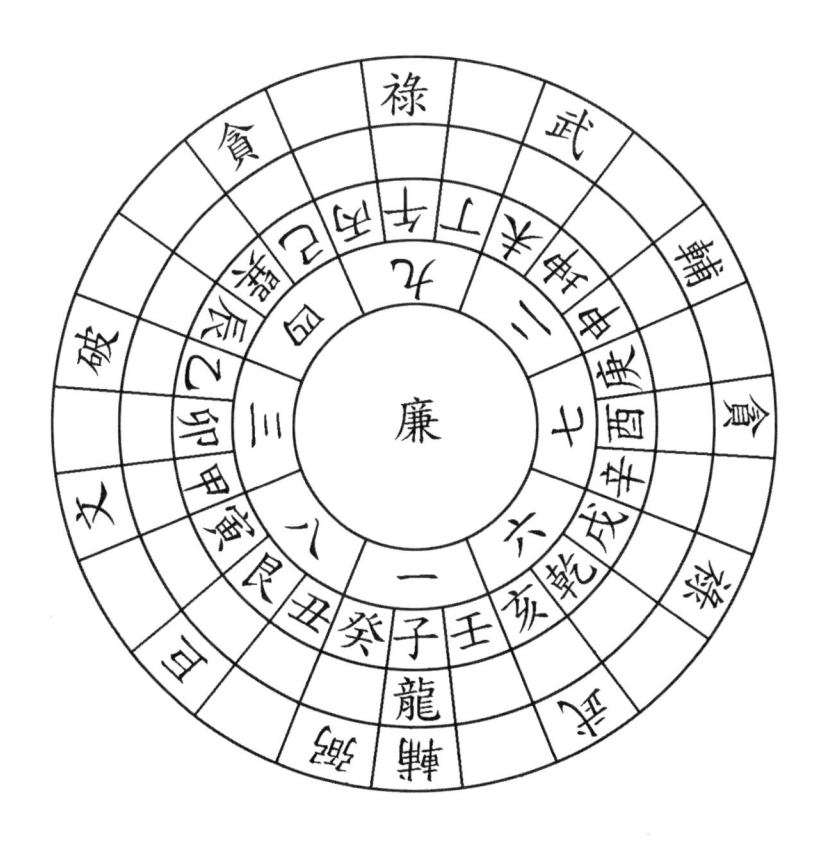

[增解]《人元歌》云："乙辛丁癸水来催"，此从水上取贪狼以补龙也。取贪狼法，如寅龙辛水，即从辛倒排父母；寅与辛交为夫妇，又为父母，即在寅起贪，则贪狼即在寅龙也。若乙、申、癸、巳、丁、亥，仿此。此天、地、人龙向水分三图，实是活法，各立一图，举一可以反三。

坎离交媾掌诀第四十九

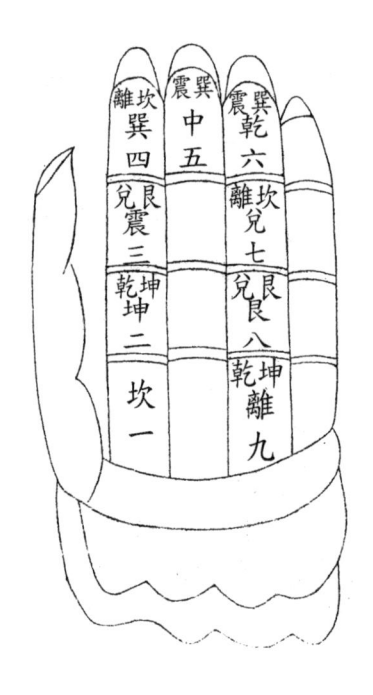

坎离水火中天过，龙墀移帝座。又曰：泥鳅落汾跃龙门，渤海便翻身。

[增解] 坎是坤，离是乾；水是坎，火是离。离东坎西，日月出入坎离，故有取乎坎离。先天之乾坤，即后天之坎离。其先后阴阳配对，奇极！妙极！粗视之是一四七、二五八、三六九，精求之则天地氤氲，其气化神，妙实难言！立成掌诀，以便易晓。其法从坤起乾，顺轮九宫，坎离一起一落，点至震中艮，所谓"坭鳅落汾"也；至巽坤离，所谓"鱼跃龙门"也；挨尽复在离宫逆轮转，所谓"渤海翻身"也。此举坎卦以为例，余可类推。

立向分金掌诀第五十

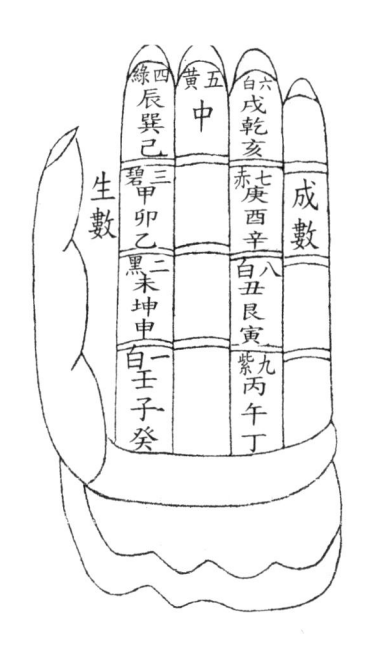

阴阳配合要分明，审定玄空认九星。
辨别三才知入气，交光夫妇见真情。

[增解]《宝照经》云："龙真穴正误立向，阴差阳错悔吝生。几为奔走赴朝廷，才到朝廷帝怒形。时师不晓龙何向，坟头下了剥官星。"此以知立向分金，认龙点穴，而后最为紧要。地理固首重峦头，即得吉地，而向首分金，或阴阳差错，未有能发福者。或有发而不均，发而吉凶参半，甚且发而败绝，皆由立向之误也。地理家立向，多从五行起长生为消纳，或有以辰戌丑未为四大水口，如乙丙交而趋戌、辛壬会而聚

辰之类。或有以左水倒右，当立阳向；右水倒左，当立阴向。或有以翻卦掌中起中止、弦起弦止，辅弼同宫，以贪巨禄文廉武破辅为消纳者。更有与翻卦卦掌取方位，同此吉凶，变其名目，以生五延六祸天绝伏为消纳者。有以庚丁坤上为黄泉，坎龙坤兔为八煞者；又有以癸兼丑寅兼甲等类为出卦者，近复有以张心言六十四卦盘定向为得真传者。不知张氏将希夷先生《性理大全》卦图加于蒋盘之内，已见节外生枝；而其盘内变出六爻，与周易六爻，变化悬殊，尤为画蛇添足。用以覆验名山古墓，殊无确据。诸书说理，种种错谬，难以尽述，皆未晓龙何向之龙字耳。所谓"龙"者，非以山为龙也。若以山为龙，则无山非龙矣。夫龙也者，天之阳气也。看金龙，即看此阳气；看雌雄，亦看此天气与地气也。今将看雌雄，以立向分金略指而言之，壬子癸、甲卯乙、辰巽巳、未坤申是生向，丙午丁、庚酉辛、戌乾亥、丑艮寅是成向。蒋公《玉尺辨伪》云："山陇平壤，皆有一定之穴、生成之向"，即言此河图之生数、成数也。《青囊补注》云："地有至阴之气，以招摄天之阳精"，是说雌雄交会之处，入气是雌，金龙是雄。先看出水，以定入气，所谓"水对三叉细认踪"也。次看金龙属某方，其向首分金坐某宿度，兼深兼浅，不用罗经，可坐而定。知此则天心在此，十道在此，而结穴亦无不在此矣。今之立向牵线者，果能见及此否？且未用罗盘之先，其分金之深浅，果有定见否？或问之师曰："立向者皆言分金，请问分金二字是何说法？"师曰："分金二字，不下片言，孺妇可晓，何业此道者尚昧也！"或不喻，又问曰："且分金在罗盘耶？抑在山头耶？"师曰："先在山头，后用罗经，盖峦头理气合而为一者也。"或曰："唯唯。"乃默喻于无言，而不复问。

陈凤梧撰

地理辨正直解卷之一

青囊经①

上卷②

《经》曰：天尊地卑，阳奇阴耦。一六共宗，二七同道；三八为朋，四九为友；五十同途，阖辟奇偶；五兆生成，流行终始；八体宏布，子母分施。天地定位，山泽通气，雷风相薄，水火不相射。中五立极，临制四方。背一面九，三七居旁；二八四六，纵横纪纲。阳以相阴，阴以含阳。阳生于阴，柔生于刚。阴德宏济，阳德顺昌。是故阳本阴，阴育阳；天依形，地附气，此之谓"化始"。

［蒋传］此篇以无形之气为天地之始，而推原道之所从来也。夫阳气属天，而实兆于地之中。圣人作《易》，以明天地之道，皆言阴阳之互为其根者而已。

天高而尊，地下而卑。然尊者有下济之德，卑者有上行之义。一阴一阳，一奇一耦。其数参伍，所以齐一；其形对待，所以往来。天地之匡廓，由此而成；四时之代谢，由此而运；万物之化育，由此而胚。夫阴阳奇耦之道，随举一物，无不有之。天地无心，圣人无意，自然流露，而显其象于河图，遂有一六共宗，二七同道，三八为朋，四九为

---

① 原本作黄石公授，赤松子述义。云间蒋平阶大鸿补传，无心道人直解。
② 古文作《堪舆篇》，郭氏作《气感篇》，邱氏作《埋原论》，今具削之。

友，五十同途之象。圣人因其象而求其义，以奇者属阳，而有天一天三天五天七天九之名；以耦者属阴，而有地二地四地六地八地十之名；而有一必有二，有三必有四，有五必有六，有七必有八，有九必有十，所谓"参伍数"也。此一彼二，此三彼四，此五彼六，此七彼八，此九彼十，所谓"对待之形"也。

天数与地数各得其五，此谓"一成之数"，而百千万亿无穷之数由此而推也。天数地数，各得其五，合二五而成十，盖有五即有十，犹有一即有二，阴阳自然之道也。故有天之一，即有地之六；有地之二，即有天之七；有天之三，即有地之八；有地之四，即有天之九；有天之五，即有地之十，此阴阳之数以参伍而齐一者也。《易》曰"五位相得"，盖此之谓也。而一六在下，则二七必在上；三八在左，则四九必在右；五居中，则十亦居中，此阴阳之数对待而往来者也。《易》曰"五位相得而各有合"，盖谓此也。

以其参伍而齐一，故一奇一耦灿然而不棼；① 以其对待而往来，故奇耦之间一阖一辟，潜然而自应，此生成之所从出也。天一生水，而地六成之；地二生火，而天七成之；天三生木，而地八成之；地四生金，而天九成之；天五生土，而地十成之。一生一成，皆阴阳交媾之妙，二气相交而五行兆焉。降于九天之上，升于九地之下，周流六虚，无有休息。始而终，终而复始，无一息不流行，则无一息不交媾。当其无而其体浑然已成，当其有而其体秩然有象，圣人因河图之象数而卦体立焉。

夫河图止有四象，而卦成八体者，何也？盖一画成爻，爻者交也。太始之气，止有一阳〇，是名"太阳"━━。太阳一交而成"太阴"━ ━，是曰"两仪"。太阴、太阳再交而成"少阴"⚏、"少阳"⚎，并"太阴"⚏⚏、"太阳"━━，是曰"四象"，此河图之显象也。四象三爻，而成八卦：☰曰乾，☱曰兑，☲曰离，☳曰震，☴曰巽，☵曰坎，☶曰艮，☷曰坤，盖即河图，每方二数，析之则有八，此河图之象隐而显者

---

① 棼：治丝乱也。

也。故卦之八由于四象，爻之三由于三交。乾坤二卦为母，六卦为子，此八卦之子母也。诸卦自为母，三爻为子，此一卦之子母也。

以此分施造化，布满宇宙之间。于是举阳之乾为天，对以阴之坤为地，谓之"天地定位"。天覆于上，则地载于下也，此阴阳之一交而成天地者也。举阳之艮为山，对以阴之兑为泽，谓之"山泽通气"，山载于下则泽受于上也。举阳之震为雷，对以阴之巽为风，谓之"雷风相薄"，雷发于下则风动于上也。举阳之坎为水，对以阴之离为火，谓之"水火不相射"。水火平衡，形常相隔而情常相亲也。此三阳三阴之各自为交而生万物者也。先贤以此为先天之卦，伏羲所定，本于龙马负图而作，实则浑沌初分、天地开辟之象也。

四象虚中而成五位，此中五者即四象之交气。乾之真阳、坤之真阴皆无形，而惟土有形。此土之下为黄泉，皆坤地积阴之气；此土之上为清虚，皆乾天积阳之气。而土肤之际，平铺如掌，乃至阴至阳乾坤交媾之处。水、火、风、雷、山、泽，诸凡天地之化机，皆露于此。故中五者，八卦托体，储精成形，显用之所也。故河图、洛书同此中五以立极也。

河图虽有四象，而先天阳升阴降，上下初分，未可谓之四方；自中五立极，而后四极划然，各正其方矣。有四方之正位，而四维介于其间，于是八方立焉。统中五皇极而为九，分而布之：一起正北，二居西南，三居正东，四居东南，五复居中，六居西北，七居正西，八居东北，九居正南，谓之九畴。此虽出于洛书，而实与河图之数符合，天地之理，自然发现，无不同也。

布其位曰："戴九履一，左三右七，二四为肩，六八为足"，其八方之位，适与八方之数均，圣人即以八卦隶之，而其序曰："坎一、坤二、震三、巽四、中五、乾六、兑七、艮八、离九"，此则四正四维不易之定位也。

数虽起一，而用实首震。盖成位之后，少阳用事，先天主天而后天主日，元子继体，代父为政也。《易》曰："帝出乎震，齐乎巽，相见乎离，致役乎坤，说言乎兑，战乎乾，劳乎坎，成言乎艮"。一二三四五六七八九者，古今之禅代推移周而复始者也。

震、巽、离、坤、兑、乾、坎、艮者，日月之出没，四时之气机，运行迁谢，循环无端者也，先贤以此为后天之卦。昔者大禹治水，神龟出洛，文王因之，作后天之卦。岂伏羲画卦之时未有洛书，而大禹演畴之时未有后天卦位耶？窃以为图、书必出于一时，而先天、后天卦位亦定于一日。伏羲但有卦爻，而文王始系之辞耳。河图、洛书非有二数，先天、后天非有二义也。特先天之卦以阴阳之对待者言，有彼此而无方隅；后天之卦以阴阳之流行者言，则有方隅矣。至其作卦之旨，要在于阴阳之互根则一也。

夫易之道，贵阳贱阴，则阳当为主，而阴当为辅，而此云"阳以相阴"者，何也？盖阳之妙不在于阳，而在于阴；阴中之阳，乃真阳也，故阴为之感，而阳来应之，似乎阴反为君，而阳反为相，此《经》言神明之旨也。然阳之所以来应乎阴者，以阴中本自有之，以类相从，故来应耳，岂非阴含阳乎？阴含阳，则能生阳矣，一切发生之气，皆阳司之，则皆阴出之者也。刚柔即阴阳，阴阳以气言，刚柔以质言。《易》曰"乾刚坤柔"，又曰"刚柔相摩，八卦相荡"。八卦之中，皆有阴阳，则皆有刚柔。若以阳为刚，以阴为柔，则宜乎刚生于柔矣。而乃云"柔生于刚"者，何也？无形之气，阳刚而阴柔；有形之质，阴刚而阳柔。于有形之刚质，又生无形之柔气，质生气，气还生质，故曰"柔生于刚"也。凡其所以能为相助、能为包含，生生不息如是者，则以阴之与阳，盖自有其德也。惟阴之德能宏大夫阳，以济阳之施；故阳之德，能亲顺夫阴，以昌阴之化。此阴阳之妙，以气相感，见于河图洛书、先后天之卦象者如是。由是则可以知天地之道矣。

天地之道，阳常本于阴，而阴常能育阳。故天非廓然空虚者为天也，其气常依于有形，而无时不下济；地非块然不动者为地也，其形常附于元气，而无时不上升。然则天之气常在地中，而地之气皆天之气。阴阳虽曰二气，止一耳。所以生天生地者此气，所以生万物者此气，故曰"化始"也。

中卷①

《经》曰：天有五星，地有五行。天分星宿，地列山川。气行于地，形丽于天。因形察气，以立人纪。紫微天极，太乙之御。君临四正，南面而治。天市东宫，少微西掖。太微南垣，旁照四极。四七为经，五德为纬。运斡坤舆，垂光乾纪。七政枢机，流通终始。地德上载，天光下临。阴用阳朝，阳用阴应。阴阳相见，福禄永贞。阴阳相乘，祸咎踵门。天之所临，地之所盛。形止气蓄，万物化生。气感而应，鬼福及人。是故天有象，地有形，上下相须，而成一体，此之谓化机。

[蒋传] 此篇以有形之象，为天地之机，而指示气之所从受也。上文既明河图洛书、先后天八卦之理，圣人作《易》之旨尽于此，天地阴阳之道亦尽于此矣。然圣人不自作《易》，其四象、八卦皆仰法于天，故此篇专指天象以为言。夫《易》之八卦，取象于地之五行；而地有五行，实因天有五曜。五曜凝精于上，而五行流气于下。天之星宿，五曜之分光列象者也；地之山川，五行之成形结撰成形者也。故山川非列宿，而常具列宿之形；观其形之所呈，即以知其气之所禀。夫有是形，御是气，物化自然，初未及乎人事。而圣人仰观俯察，人纪从此立焉。木为岁星，其方为东，其令为春，其德为仁。火为荧惑，其方为南，其令为夏，其德为礼。土为镇星，其方为中央，其令为季夏，其德为信。金为太白，其方为西，其令为秋，其德为义。水为辰星，其方为朔，其令为冬，其德为智。《洪范·九畴》所谓"敬用五事，向用五福。五纪八政，皇极庶征"，皆自此出。故圣人御世宰物，一天地之道也。

---

① 古文作《天官篇》，邱氏作《天元金书符》，郭氏作《神契篇》，今削之。

备言天体，则有七政以司元化，日月五星是也。有四垣以镇四方，紫微、天市、太微、少微是也。有二十八宿以分布周天，苍龙七宿角、亢、氐、房、心、尾、箕，朱鸟七宿井、鬼、柳、星、张、翼、轸，白虎七宿奎、娄、胃、昴、毕、觜、参，玄武七宿斗、牛、女、虚、危、室、壁是也。四垣即四象，七政即阴阳五行之根本。其枢在北斗，而分之四方，为二十八宿。故房、虚、昴、星应日，心、危、毕、张应月，角、斗、奎、井应岁星，尾、室、觜、翼应荧惑，亢、牛、娄、鬼应太白，箕、壁、参、轸应辰星，氐、女、胃、柳应镇星，临制其方，各一七政也。

浑天周匝，虽云四方，而已备八卦二十四爻之象矣。非经无以立极，非纬无以嬗化。一经一纬，真阴真阳之交道也。交道维洛，而后天之体环周而固于外，地之体结束而安于中，此元气之流行，自然而成器者也。其始无始，其终无终，包罗六合，入于无间，虽名阴阳，一气而已。人能得此一气，则生者可以善其生，而死者可以善其死。地理之道，盖人纪之一端，此端既立，则诸政以次应之。故圣人重其事，其用在地，而必求端于天，本其气之所自来也。然气不可见，而形可见，不可见之气，即寓于有可见之形。形者气之所成，而即以载气。气发于天，而载之者地；气本属阳，而载之者阴，故有阴即有阳。地得其所，则天气归之，天地无时不交会，阴阳无时不相见。相见而得其冲和之正，则为福德之门；相见而不得其冲和之正，即为相乘，而名祸咎之根。祸福殊涂，所争一间，良足畏也。

且亦知星宿之所以丽于天，山川之所以列于地者乎？天之气无往不在，而日得天之阳精而恒为日，月得天之阴精而恒为月，五曜得天五气之精而恒为纬。至于四垣二十八宿，众星环列，又得日月五星之精而恒为经，此则在天之有形者有以载天之气也。地之气无往不在，而山得日月五星之气，而恒为山；川得日月五星之气而恒为川。此则在地之有形者，有以载地之气也。列宿得天之气而生于天，列宿与天为一体也；山川得地之气而生于地，山川与地为一体也。万物之生于天地，何独不然？夫万物非能自生，借天地之气以生。然天地非有意于生万物，万物自有机焉，适与天地之气相遇于窅冥恍惚之中。夫有所沾濡焉，夫有所绸缪焉，夫有所苞孕焉，遂使天地之气，止而不去，积之累之，与物为一，乃勃然以生耳。地理之道，必使我所取之形，足以纳气，而气不我去，则形与气交而为一；必使我所据之地，足以承天，而天不我隔，则地与天交而为一。夫天地形气既合而为一，则所葬之骨亦与天地之气为一，而死魄生人，气脉灌输，亦无不一，福应之来，若机张审括，所谓"化机"也。不然，蓄之无门，止之无术，虽周天列宿。炳耀中天，而我不蒙其照；虽大地阳和，滂流八表，而我不沾其泽；天为匡廓，地为稿壤，骨为速朽，子孙为寄生，我未见其获福也。可不慎哉！可不慎哉！

下卷①

《经》曰：无极而太极也。理寓于气，气囿于形。日月星宿，刚气上腾。山川草木，柔气下凝。资阳以昌，用阴以成。阳德有象，阴德有位。地有四势，气从八方。外气行形，内气止生，乘风则散，界水则止。是故顺五兆，用八卦，排六甲，布八门，推五运，定六气，明地德，立人道，因变化，原终始，此之谓化成。

［蒋传］此篇申言形气虽殊，而其理则一，示人以因形求气，为地理入用之准绳也。《易》曰："易有太极，是生两仪"。太极者，所谓象帝之先，先天地生，能生天地，万化之祖根也。本无有物，无象无数，无方隅，无往不在。言太极则无极可知。后贤立说，虑学者以太极为有物，故申言以明之，曰"无极而太极也"。大而天地，细而万物，莫不各有太极，物物一太极，一物全具一天地之理。人知太极物物皆具，则地理之道思过半矣。理寓于气，气一太极也；气囿于形，形一太极也；以至日月星辰之刚气上腾，以刚中有太极，故能上腾；山川草木之柔气下凝，以柔中有太极，故能下凝。"资阳以昌"，资之以太极也；"用阴以成"，用之以太极也。太极之所显露者谓之象，而所宣布者谓之位。地无四势，以太极乘之而命之为四势；气无八方，以太极御之而命之为八方。势与方者，其象其气，而命之为势为方者其极。极岂有定耶？则势与方亦岂有定耶？四势之中各自有象，则八方之中亦各自有气。然此诸方之气皆流行之气，因方成形，只谓之"外气"。苟任其流行而无止蓄，则从八方而来者，还从八方而去，千山万水，仅供耳目之玩，如传

---

① 古文作《丛辰篇》。

舍，如过客，总不足以瀹发灵机，滋荄元化，必有为之内气者焉。

所谓"内气"，非内所自有，即外来流行之气于此乎止。有此一止，则八方之行形者，皆招摄翕聚乎此，是一止而无所不止，于止而言太极，乃为真太极矣！无所不止，则阳无所不资，阴无所不用，而生生不息之道在其中。太极生两仪，两仪生四象，四象生八卦，万事万物胚胎乎此。前篇所谓"形止气蓄，万物化生"，盖谓此也。然但言"止"，而不申明"所以止"之义，恐世之审气者茫然无所措手，故举气之最大而流行无间者，曰"风"，曰"水"。夫风有气而无形，禀乎阳者也；水有形而兼有气，禀乎阴者也。然风禀乎阳而阳中有阴焉，水禀乎阴而阴中有阳焉。二者皆行气之物，气之阳者从风而行，气之阴者从水而行。而行阳气者反能散阳，以阳中有阴也；行阴气者反能止阳，以阴中有阳也。大块之间，何处无风？何处无水？风原不能散气，所以嘘之使散者，病在乎"乘"；水原不能止气，所以吸之使止者，妙在乎"界"。苟能明乎"乘"与"界"之为义，审气以定太极之法概可知矣。

上文反复推详，皆泛言形气之理，至是乃实指地理之用，于是总括其全焉。顺五兆，以五星之正变审象也；用八卦，以八方之衰旺审位也；排六甲，以六甲之纪年审运也；布八门，以八风之开阖审气也。地理之矩矱尽于此矣；推五运，以五纪之盈虚审岁也；定六气，以六气之代谢审令也；谨岁时以抉，地理之橐籥尽于此矣。如是则太极不失其正，而地德可明。然圣人之明地德也，非徒邀福而已。盖地之五行得其顺，则人之生也，五德备其全，而五常顺其性，圣贤豪杰，接踵而出，而礼乐政刑，无不就理，岂非人道自此立乎？然此亦阴阳变化自然之妙，虽有智者，不能以私意妄作，夫亦深知其所以然，因之而已。夫卜地葬亲，乃慎终之事，而子孙之世泽皆出其中，则人道之所以终，即为人道之所以始。然则斯道也者，圣人开物成务，无有大于此者也，谓之化成宜哉！

［直解］上卷推原无形之气，为万物生生之始；中卷因有形之象，推测无形之气，一形一气，万事万物，不能逃其变化，出其范围。此卷

兼形、兼气并理而言，实指地理之用也。斯理虽本洛书，实则变易不一，错综无定，随气运行，随时而在者也。苟非师师相授，虽穷年皓首，断不能窥其巅末，读者莫轻视而忽之。

地理辨正直解卷之二

青囊序

唐曾文辿著　云间蒋平阶注　无心道人直解

杨公养老看雌雄，天下诸书对不同。

［蒋注］雌雄者，阴阳之别名。乃不云阴阳而云雌雄者，言阴阳则阴自为阴，阳自为阳，疑乎对待之物，互显其情者也。故善言阴阳者，必言雌雄。观雌则不必更观其雄，而知必有雄以应之；观雄则不必更观其雌，而知必有雌以配之。天地者，大雌雄也。山川，雌雄中之显象者也。地有至阴之气，以招摄天之阳精。天之阳气，日下交乎地，而无形可见，止见其草木百谷，春荣秋落；蛟龙虫豸，升腾蛰藏而已。故圣人制婚姻，男先乎女，亦以阴之所在，阳必求之。山河大地，其可见之形皆阴也，实有不可见之阳以应之，所谓"雌雄"者也。故地理家不曰"地脉"，而曰"龙神"，言变化无常，不可以迹求者也。《青囊经》所谓"阳以求阴，阴以含阳"者，此雌雄也；所谓"阳本阴，阴育阳"者，此雌雄也；所谓"阴用阳朝，阳用阴应"者，此雌雄也；所谓"资阳以昌，用阴以成"者，此雌雄也。杨公得青囊之秘，洞彻阴阳之理，晚年其术益精，以此济世，即以此养生。然其中秘密，惟有看雌雄之一法，此外更无他法。夫地理之书，汗牛充栋，独此一法，不肯笔之于书，先贤口口相传，间世一出。盖自管、郭以来，古今知者不能几人，既非聪明智巧可能推测，又岂闳览博物所得与闻？会者一言立晓，不知者累牍

难明。若欲向书卷中求之，更河汉矣。故曰"天下诸书对不同也"。曾公安亲受杨公之秘，故其所言深切著明如此。彼公安者，岂欺我哉！

［直解］雌雄者，阴阳交媾之情。交媾者，天地阴阳化生万物之气也。善言阴阳者，必言交媾；善言交媾者，必言雌雄。如舍雌雄交媾而言阴言阳，则天不生，地不成，阴自为阴，阳自为阳，毫不相涉者也。世俗诸书，但知有地而不知有天，皆因天之气无形可见，地之形有迹可寻耳。善看雌雄者，以有形可见之地，测无形可见之天；再以无形可见之天，合有形可见之地也。夫所见者在地，而必求端乎天者，何也？本其气之所自来耳。地有至阴之气，以招摄天之阳精。天之阳气，日下交乎地，而无形可见，只见草木百谷，春荣秋落；蛟龙虫豸，升腾蛰藏，是气不可见而形可见也。以不可见之气，即寓于有可见之形；因可见之形，即不可见之气亦可见矣。天依形，地附气，运行化育于冥冥之中，不见而彰，不动而变，无为而成，即杨公所谓"看雌雄"者也。

先看金龙动不动，次察血脉认来龙。

［蒋注］此以下，乃言看雌雄之法也。金龙者，气之无形者也。龙本非金，而云"金龙"者，乃乾阳金气之所生，故曰"金龙"。动则属阳，静则属阴。气以动为生，以静为死。生者可用，死者不可用。其动大者则大用之，其动小者则小用之，此以龙之形象言也。形象既得，斯可辨其方位矣。血脉即金龙之血脉，非龙而实龙之所自来，所谓"雌雄"者也。观血脉之所自来，即知龙之所自来矣。察，察其血脉之来自何方也。知血脉之来自何方，即可认龙之来自何方矣。此杨公看雌雄之秘诀，而非世人倒杖步量之死格局也。

○俗注辰戌丑未四金恶煞为金龙者非。

［直解］看，即看无形之气。无形之气，化育万物，千变无穷，故名之曰"金龙"。动不动者，即气之盈虚消长、阴阳往来也。察者，察也，即察无形之气消与长也。知气之消与长，即可认金龙之得与失矣。得为动，不得即为不动，非山行水曲之动不动也。

龙分两片阴阳取，水对三叉细认踪。

［蒋注］两片即雌雄，阴在此，则阳必在彼，两路相交也。三叉即后"城门界水合处必有三叉"，"细认踪"即察血脉以认来龙也。知三叉之在何方，则知来龙之属何脉矣。

○俗注以"两片"为左旋右旋，以"三叉"为生、旺、墓，非。

［直解］"山一片，水一片；空一片，实一片；来一片，往一片"，来有来之用法，往有往之用法，故云"龙分两片阴阳取"也。空一片，即天一片，天运循环，元气流行，消长不一，往来无定，全凭心法。趋其将来，避其已往；来者为动为阳，往者为静为阴，此分"空一片"之"两片"也。"实一片"即"地一片"。地有背面生死、起伏行止，须凭眼力挨生弃死，去背就面。面者为阳为生，背者为阴为死。此分实一片之两片也。"三叉"即水口。"细认踪"者，细认山上水里之玄空得与失也。知得与失，方知察血脉认来龙之法矣。

江南龙来江北望，江西龙去望江东。

［蒋注］此所谓"两片"也。金龙本在江南，而所望之气脉反在江北。金龙本在江西，而所望之气脉反在江东。盖以有形之阴质，求无形之阳气也。杨公看雌雄之法，皆从空处为真龙，故立其名曰"大玄空"。虽云"两片"，实一片也。

○俗注江南午、丁、未、坤为一卦，江北子、癸、丑、艮为一卦，共一父母。江西申、庚、酉、辛、戌、乾、亥、壬为一卦，江东寅、甲、卯、乙、辰、巽、巳、丙为一卦，共一父母，两卦之中互相立向者非。

［直解］江南、江北、江东、江西，即阴阳"颠倒颠"，察血脉、认来龙之意。上节虽云"两片"，实一片也。金龙之两片，即已往一片，将来一片。盖彼来则此往，此往则彼来；有来自有往，有往自有来；来极则往，往极则来。来即往之始，往即来之源，何来两片耶？

是以圣人卜河洛，瀍涧二水交华嵩。

相其阴阳观流泉，卜年卜世宅都宫。

［蒋注］此即周公卜洛之事，以证地理之道惟在察血脉、认来龙也。

圣人作都，不言华、嵩之脉络，而言瀍、涧之相交，则知所认之来龙认之以瀍、涧也。又引公刘迁豳"相阴阳，观流泉"以合观之，见圣人作法，千古一揆也。

[直解] 上文所云"察血脉""认来龙""对三叉""细认踪"者，杨公恐人不信此诀，特引圣人"相阴阳""观流泉"，以证千古一法也。

晋世景纯传此术，演经立义出玄空。

朱雀发源生旺气，一一讲说开愚蒙。

[蒋注] 推原玄空大卦，不始于杨公，盖郭景纯先得青囊之秘，演而立之，直追周公制作之精意者也。乃其义不过欲朱雀发源得生旺之气耳。来源既得生旺，即是来龙生旺，而诸福坐致矣。来源若非生旺，则来龙亦非生旺，而祸不旋踵矣。景纯当日以此开喻愚蒙，其如愚蒙之领会者少也。

○俗注龙取生旺之气于穴中，水取生旺之气于穴前，又指气之生旺为长生、帝旺、墓库合三叉者非。

[直解] 上二句推原挨星之法所自来，下二句详言向首一星之妙用。

一生二兮二生三，三生万物是玄关。

山管山兮水管水，此是阴阳不待言。

[蒋注] 阴阳之妙用始于一，有一爻即有三爻，有一卦即有三卦。故曰"一生二，二生三"，此乃天地之玄关，万物生生之橐籥也。又恐人认山水为一而不知辨别，故言山之玄关自管山，而水之玄关自管水，不相混杂。盖山有山之阴阳，而水有水之阴阳尔。通乎此义，则世之言龙穴砂水者，真未梦见矣。

○俗注生旺墓为三合者非。

[直解] 一极于三，三极于九，故数始于一而终于九也。盖天所覆，地所载，万事万物，不外乎此，是谓"玄关"。"山管山，水管水"者，山有山之阴阳五行，推其顺逆生死；水有水之阴阳五行，推其顺逆生死，盖山自为山，水自为水，故云"阴阳不待言"也。

识得阴阳玄妙理，知其衰旺生与死。

不问坐山与来水，但逢死气皆无取。

［蒋注］此节畅言地理之要，只在衰旺生死之辨也。衰旺有运，生死乘时，阴阳玄妙之理，在乎知时而已。坐山有坐山之气运，来水有来水之气运，所谓"山管山，水管水"也。二者皆须趋生而避死，从旺而去衰。然欲认得此理，非真知河洛之秘者不能，岂俗师所传"龙上五行收山、向上五行收水、顺逆长生"之说所能按图而索骥者乎？

［直解］此一节承上文看金龙、分两片而言也。"玄妙"是阴阳往来之玄妙，"生死"是气运消长之生死。气运消长之生死，盖以当元者为旺，将来者为生，方去者为衰，去已久者为死。下二句总言上山下水之趋避。

先天罗经十二支，后天再用干与维。

八干四维辅支位，子母公孙同此推。

［蒋注］罗经二十四路，已成之迹，人人所知，何须特举？此节非言罗经制造之法，盖将罗经直指雌雄交媾之玄关，以明衰旺生死之作用尔。十二支乃周天列宿之十二次舍，故曰"先天"。地道法天，虽有十二宫，而位分八卦，每卦三爻，则十二宫不足以尽地之数，故十干取戊己归中以为皇极，而分布八干为四正之辅佐。然犹未足卦爻之数，遂以四隅四卦补成三八，于是卦为之母，而二十四路为之子焉；卦为之公，而二十四路为之孙焉。认得子母公孙，则雌雄之交媾在此，金龙之血脉在此，龙神之衰旺生死亦尽乎此矣。

〇俗注子、寅、辰、乾、丙、乙一龙为公，午、申、戌、坤、辛、壬二龙为母，卯、巳、丑、艮、庚、丁三龙为子，酉、亥、未、巽、癸、甲四龙为孙，非。

［直解］上二句言二十四山不易之定位，下二句分析八干四维十二支之子母公孙。十二支之子母公孙既分，则某为公，某为孙，某为子、母，都在于斯。

二十四山分顺逆，共成四十有八局。

五行即在此中分，祖宗却从阴阳出。

阳从左边团团转，阴从右路转相通。

有人认得阴阳者，何愁大地不相逢。

[蒋注] 此一节申言上文未尽之旨也。子母公孙如何取用？盖二十四山止应二十四局，而一山之局又有顺逆不同，如有顺子一局，即有逆子一局，一山两局，岂非四十八局乎？此局得何五行，则龙神得何五行，五行不在此中分乎？然五行之根源宗祖，非取有形可见、有迹可寻之二十四山分五行，乃从玄空大卦雌雄交媾之真阴真阳分五行也。论至此，玄空立卦之义几乎尽矣。而又恐人不知阴阳为何物，又重言以申明之，曰："如阳从左边团团转，则阴必从右路转相通。"言有阴即有阳，有阳即有阴，所谓"阴阳相见，雌雄交媾"，玄空大卦之秘旨也。言左右，则上下四旁皆如是矣。此即上文"龙分两片""江南龙来江北望"之意，而反复言之者也。奈世人止从形迹上着眼，不能领会玄空大卦之妙，故又发叹曰："有人识得此理者，乃识真阴阳、真五行、真血脉、真龙神，随所指点，皆天机之妙，何愁大地不相逢乎？若不识此，虽大地当前，目迷五色，未有能得其真者也。"

〇俗注"阳龙左行为顺，阴龙右行为逆""阳亥龙左行为甲木，阴亥龙右行为乙木"之类，非。

[直解] 分者，即分两片也。两片者，一颠一倒、一往一来、一顺一逆也。分得顺逆颠倒，自然共成四十有八局。然分作四十八局何益？盖九星流转，气运循环，八卦九宫即从此而转，顺者顺，逆者逆，故曰"此中分"。但五行之根源宗祖，非取有形可见、有迹可寻二十四山所分之五行也？要从大玄空卦中求天心之一卦，流动九宫，则甲、癸、申非尽贪狼，而与贪狼为一例；艮、丙、辛非尽破军，而与破军为一例。此即所谓星辰流转要相逢，顺逆在此中分也。知此，则一定之气可求而得，一定之用法亦可求而得，一卦之气既可求而得，岂非下卦起星之根源宗祖耶！要在未立向以前，将水之去来、山之入首、四面八方仔细看到，排定方位，后用挨星之法，审其某水合，某水不合；某山合，某山不合，另寻别向，挨到处处合时合运，补救直达兼得方可。如此则向之

兼左兼右、兼干兼支之法，无不在其中矣。有人识得流转变迁随时而在之阴阳者，何愁大地不相逢乎！〇盈虚消长之道，本上下无常，进退无恒者也。分者，即从无常无恒之中，分其进退，定其上下，辨其阴阳，分其顺逆。如是，无常者似乎有常，无恒者亦若有恒矣。

阳山阳向水流阳，执定此说甚荒唐。

阴山阴向水流阴，笑杀拘泥都一般。

若能勘破个中理，妙用本来同一体。

阴阳相见两为难，一山一水何足言！

[蒋注] 又言所谓识得阴阳者，乃玄空大卦真阴真阳，而非世之所谓净阴净阳也。若据净阴净阳之说，则阳山必须阳向而水流阳，阴山必须阴向而水流阴，时师拘拘于此，而不知其实无益也。真阴真阳自有个中之妙，世人不得真传，无从勘破耳。若有明师指点，一言之下，立时勘破，则知不但净阴净阳不可分，所谓真阴真阳者，虽有阴阳之名，而止是一物，又何从分？既知阴阳为一物，则随手拈来，无非妙用。山与水为一体，阴与阳为一体，二十四山卦气相通者皆为一体矣。夫净阴净阳者，一山止论一山之阴阳，一水止论一水之阴阳，故拘执有形，不能触类旁通耳。玄空大卦一山不论一山之阴阳，而论与此山相见之阴阳；一水不论一水之阴阳，而论与此水相见之阴阳，所以为难知难能，而入于微妙之域。此岂净阴净阳之说拘于有形者，所可同年而语哉！

[直解] 山上龙神在山，水里龙神在水，此即谓"阳山阳水"。此阴阳以来者为阳，往者为阴；当令者为阳，失运者为阴；生者为阳，死者为阴，非世所谓"左旋右转"也；亦非"以山为阴，而水为阳"也；又非"以红字为阳，黑字为阴"也；又非"以干属阳，支属阴"也。此关一破，万卷青囊，丝丝入扣矣。阴阳即往来，来即往，往即来；来与往，一气连贯，本无二物。须参"与时偕行"，"与时偕极"，即往来流动之中，在在有一阴一阳随时而在者也。随时而在，乃是真阴阳、真五行、真玄空、真血脉、真龙神。若拘拘于干支卦位、左转右到者，何来个中之妙耶？"阴阳相见两为难"者，山上排龙，水上排龙，雌雄相见

也。此相见，非"坎龙必须离水"之相见，"兑龙必须震水"之相见，要山上排龙排到水里，水里排龙排到山上；山上水里，或来者与往者相见，或得者与失者相见；或山与水相见，或水与山相见；或相见之于山，或相见之于水，或山与水都相见者，此谓之两难。注云"一山不论一山之阴阳，而论与此山相见之阴阳；一水不论一水之阴阳，而论与此水相见之阴阳"数语，真属玄妙难知，当细细察之。如晓得此山此水相见之阴阳，方知山与水为一体，阴与阳一体，二十四山卦气相通者皆为一体矣，岂拘拘于形迹者所可同年而语哉！

二十四山双双起，少有时师通此义。

五行分布二十四，时师此诀何曾记？

[蒋注] 此即上文"二十四山分顺逆"之义，而重言以叹美之。双双起者，一顺一逆，一山两用，故曰"双双"也。"五行分布"者，二十四山各自为五行，不相假借也。虽如此云，而其中实有奥义，惟得秘诀者乃能通之。时师但从书卷中搜索，必不得之数也。于此可见，二十四山成格有定，执指南者人人能言之，而微妙之机不可测识矣。

○俗注"乾亥为一、甲卯为一、丁未为一"之类释"双双起"者非。

[直解] 此处要顺轮者，彼处要逆布；此时要顺排者，彼时要逆挨。一山两用，故曰"双双"也。且二十四山定阴阳、分五行、起星下卦之法，其秘尽在"双双"二字之内，能于此中推测，可得五行分布之奥矣。

山上龙神不下水，水里龙神不上山。

用此量山与步水，百里江山一晌间。

此即上文山管山、水管水之义，而重言以叹美之。且又以世人之论龙神，但以山之脉络可寻者为龙神，即其所用水法，亦以山龙之法下求乎水，以资其用耳。不知山与水乃各自有龙神也，特为指出，以正告天下后世焉。山上龙神，以山为龙者也，专以山之阴阳五行推顺逆生死，而水非所论；水里龙神，以水为龙者也，专以水之阴阳五行推顺逆生死，而山非所论。刚柔异质，燥湿殊性，分路扬镳，不相假也。即有山龙而兼得水龙之气者，亦山自为山，水自为水，非可以山之阴阳五行混入乎水之阴阳五行也。山则量山以辨山之纯杂长短，水则步水以辨水之纯杂长短。得此山水分用之法，百里江山一览在目，此青囊之秘诀，亦青囊之捷诀也。呜呼！此言自曾公安剖露以来，于今几何年矣，而世无一人知者，哀哉！

〇俗注论山用双山五行，从地卦查来龙入首；论水用三合五行，从天卦查水神去来者，非。

［直解］山用顺水用逆，俗注已明；水用逆而星仍用顺，时师未晓。此青囊之秘诀，即青囊之捷诀也。所云"龙神"，非来龙来脉之龙神，是挨星生旺之龙神。山上挨得生旺之龙神，谓之"葬着旺龙当代发"；水里挨得生旺之龙神，谓之"葬着天心发岂迟"者也。山自为山，水自为水，不相假借也。

更有净阴净阳法，前后八尺不宜杂。

斜正受来阴阳取，气乘生旺方无煞。

来山起顶须要知，三节四节不须拘。

只要龙神得生旺，阴阳却与穴中殊。

此净阴净阳，非"阳龙阳向水流阳"之净阴净阳也。盖龙脉只从一卦来，则谓之净。若杂他卦，即谓之不净。而净与不净，尤在帖身一节。或从前来，或从后至，须极清纯，不得混杂。八尺言其最近也，言此尤为扼要，所谓"血脉"也，一节以后则少宽矣。此节须纯乎龙运生旺之气，若一杂他气，即是煞气，吉中有凶矣。来水如此，来山亦然，须审其起顶出脉结穴，一二节之近，要得龙神生旺之气。盖龙顶上受气广博，能操祸福之柄。即或直来侧受之穴，结穴之处与来脉不同，而小不胜大，可无虞也。此以知山上龙神、水里龙神皆以来脉求生旺，而尤重在到头一节，学者不可不慎也。

〇俗注以左转右转顺逆为阴阳者，非。

［直解］来山来水，处处均归一路，即为净。如出他卦，即为不净。

惟入首一节，更不宜夹杂，故特辨之。乘气收水，其法不一。或有斜受，或有正受；或阴来阳受，或阳来阴受；急来缓受，缓来急受；要而言之，生气在左则左，在右则右，随地取裁，随时兼取者耳。"来山起顶者"，穴后主山之顶也，"须要知"者，要知主山这顶属何方位，属何星体也。穴有穴顶，穴顶之方位星辰，亦要辨别清楚。去穴远者，不必拘拘属何星体也，只要合乎生旺为妙。此生旺兼体、用而言，宜细细察之。

天上星辰似织罗，水交三八要相过。

水发城门须要会，却如湖里雁交鹅。

[蒋注]此以天象之经纬，喻水法之交会也。列宿分布周天，而无七政以交错其中，则乾道不成，而四时失纪矣。干水流行地中，而无支流以界割其际，则地气不收，而立穴无据矣。故二十四山之水，其间必有交道相过，然后血脉真而金龙动。大干小支，两水相会，合成三叉而出，所谓"城门"者是也。"湖里雁交鹅"，言一水从左来，一水从右去，两水相遇，如鹅雁之一来一往也。详言水龙审脉之法，而立穴之妙在其中矣。

[直解]上二句取天象之经纬，喻水法之交会；下二句以鹅雁之往来，比流神之屈曲。然大干小枝两水相会，合成三叉，必有枝流界割其间，则地气收束，立穴有据矣。所谓"气无界不收，龙无界不清，脉无界不止，穴无界不的"，即此意也。

富贵贫贱在水神，水是山家血脉精。

山静水动昼夜定，水主财禄山人丁。

乾坤艮巽号御街，四大尊神在内排。

生克须凭五行布，要认天机玄妙处。

乾坤艮巽水长流，吉神先入家豪富。

[蒋注]乾坤艮巽，各有衰旺生死，非可概用，须用五行辨其生克。生即生旺，克即衰死。生为吉神，死为凶神，要在玄空大卦，故云"天

机玄妙处"也。

[直解] 山主静，水主动；山管人丁，水管财禄。水法美，主财禄丰盈；龙气佳，主人丁兴旺。水形屈曲曰"御街"，非以方位为御街也。四大尊神即"衰、旺、生、死"，将此衰、旺、生、死排在乾、坤、艮、巽水中，故曰"在内排"。天机即天运。吉神先入，谓当收得生旺为先也。先到先收，亦谓之先入。

请验一家旧日坟，十坟埋下九坟贫。

惟有一坟能发福，去水来山尽合情。

[直解] 如十坟用十处，有山情好者，有水法好者，有山水无情者，有发福者，有衰败者，地非一处，盛衰亦无一定，自然之理也。杨公独举"十坟埋下"之句，盖属假借之辞，申言用法之得弗得也。谓此十坟用于一处，则九坟之前后左右、来山去水、坐山朝向、乘气收水、方位干支，与此一坟总是一般模样。既是一般，则九坟之盛衰，宜与此坟一般为是，乃九坟败而一坟独发者，何也？坟之形局虽同，所用之时各有先后。时有先后，坐山朝向虽是一般，在在之阴阳各别。阴阳既别，则五行之消长、气运之盈虚，自有合与不合。合情者惟此一坟，体与用、消与长，处处用得合法也。

宗庙本是阴阳玄，得四失六难为全。

三才六建虽为妙，得三失五尽为偏。

盖因一行扰外国，遂把五行颠倒编。

以讹传讹竟不明，所以祸福为胡乱。

[蒋注] 此节旁引世俗五行之谬，以见地理之道。惟有玄空大卦看雌雄之法，所以尊师传，戒后学也。盖唐以后，诸家五行杂乱而出，将以扰外国而为祸中华，至今以讹传讹，流毒万世，曾公所以辨之深切也欤。

[直解] 宗庙五行，是唐一行所造。所云"得三失五"，"得四失六"者，非尽善之谓也。

青囊奥语

唐杨益筠松①撰　会稽姜垚注　无心道人直解

[姜注] 杨公得《青囊》正诀，约其旨为《奥语》，以玄空之理气，用五行之星体，而高山平地之作法已该括于其中。然非得真传口诀者，索之章句之末，终不能辨，谓之"奥语"，诚哉其奥语也！姜垚汝皋氏注。

坤壬乙，巨门从头出。艮丙辛，位位是破军。

巽辰亥，尽是武曲位，甲癸申，贪狼一路行。

[姜注] 挨星五行，即九星五行也，贪、巨、禄、文、廉、武、破、辅、弼，一一挨去，故曰"挨星"。玄空大卦五行，亦即挨星五行，名异而实同者也。此五行原本洛书九气，而上应北斗，主宰天地化育之道，斡维元运，万古而不能外也。此九星与八宫掌诀九星不同。唐使僧一行作卦例以扰外国，专取贪、巨、武为三吉，其实非也。夫九星乃七政之根原，八卦乃乾坤之法象，皆天宝地符，精华妙气，顾于其中，分彼此，辨优劣，真庸愚之识，诡怪之谈矣！止是天地流行之妙，与时相合者吉，与时相背者凶。故九星八卦本无有吉，而有时乎吉；本无有凶，而有时乎凶。所以其中有趋有避，真机妙用，全须秘密耳。真知九星者，岂惟贪、巨、武为三吉？即破、禄、廉、文、辅、弼五凶，亦有吉时。真知八卦者，岂惟坎、离、乾、坤四阳卦为凶？即震、巽、艮、兑四阴卦亦有凶时。斯得玄空大卦之真诀矣！《奥语》首揭此章，乃挨星大卦之条例。坤、壬、乙非尽巨门，而与巨门为一例；艮、丙、辛非

---

① 原行批：杨避黄巢之乱，因得丘延翰所进《天机心印》而作诸地书也。益又字叔茂，窦州人，官掌灵台事。其书乃流寓江西时作。

尽破军，而与破军为一例；巽、辰、亥非尽武曲，而与武曲为一例；甲、癸、申非尽贪狼，而与贪狼为一例。此中隐然有挨星口诀，必待真传，不可推测而得。若旧注以"坤、壬、乙天干，从申子辰三合为水局，故曰文曲；艮、丙、辛天干，从寅午戌三合为火局，故曰廉贞"之类，谬矣。又有云长生为贪狼、临官为巨门、帝旺为武曲，亦谬。

[直解] 挨星五行，即九星五行。贪、巨、禄、文、廉、武、破、辅、弼，一一挨去，故曰"挨星"。此五行原本洛书九气，而上应北斗，主宰天地化育之道，其气无形可见者也。无形之气，为天所行也；有形之质，为地所行也。一二三四五六七八九，即大五行，为天行气、为地行形之次序，非水火木金之在天成象，又非方圆直锐之在地成形，又非东木西金之方位，又非坎水离火之卦属，故名之曰"大玄空"。此五行随气变迁，随运转移，天心一动，九宫便更，名非有定，气随星分，故曰"非巨门而与巨门为一例，非破军而与破军为一例"。如是则下卦起星之诀、定卦分星之奥晓然矣。若拘拘于字义，则与"玄空"二字之意不合。

左为阳，子癸至亥壬；右为阴，午丁至巳丙。

[姜注] 此节言大五行阴阳交媾之例。如阳在子癸至亥壬，则阴必在午丁至巳丙矣。自子至壬，自午至丙，路路有阳，路路有阴，以此为例，须人自悟也。非拘定左边为阳，右边为阴。若阴在左边，则阳又在右边矣。亦可云左右，亦可云东西，亦可云前后，亦可云南北，皆不定之位。雌雄交媾，非有死法，故曰"玄空"。旧注自子丑至戌亥左旋为阳，自午至申未右旋为阴，谬矣。

[直解] 阴阳左右，是天地交媾之真阴真阳，如阳在子、癸，阴必在午、丁；阳在午、丁，阴必在子、癸。阳在左，阴必在右；阳在右，阴必在左。八卦四隅，路路有阳，路路有阴，非拘定左边为阳，右边为阴也。阴阳有一定之气，无一定之所。阴阳虽无定所，随时而在者也，若拘拘于子癸、午丁、亥壬、巳丙，顺则皆顺，逆则皆逆，何来左与右耶？杨公恐人拘定，故特辨之。

○自五至六为阳为左，自五至四为阴为右，来为左为阳，往为右为阴。能分来往左右之阴阳，方知阳在彼阴必在此之理矣。

　　雌与雄，交会合玄空。雄与雌，玄空卦内推。

［姜注］玄空之义，见于曾序"江南"节注。

［直解］合玄空，即合阴阳往来之玄空。阴阳往来之玄空，总在山上水里雌雄交会之内，故曰"推"也。得此诀，须知气有一定之气，而用无一定之用也。

　　山与水，须要明此理。水与山，祸福尽相关。

［姜注］山有山之卦气，水有水之卦气，脱不得阴阳交媾之理。山有山之祸福，水有水之祸福，有山祸而水福，有山福而水祸，有山水皆福，有山水皆祸，互相关涉，品配为用。

［直解］明此理者，即明雌雄交会之理也。此交会之理，盖以地之体主静，天之气主动。主动之气生乎上，主静之气成乎下。雌雄交媾，动静生成。此气本无往不在，无时不有，无物不生者也。所谓葬乘生气，即乘此生气也。葬得此生气，则天气归之，天气归则地气必从之矣，如是则阴阳之道、山水之理可得而知矣。

○要知祸福，须辨气之盈虚，性之刚柔，味之甘苦，德之仁义，情形之向背，气运之进退，体用之得失，则某山祸某山福，不辨而自明矣。如不辨情性，不辨久暂，不辨盈虚，不辨往来进退，但拘拘于生旺者，断不能得真龙之全吉也。

　　明玄空，只在五行中；知此法，不须寻纳甲。

［姜注］九星五行大卦之法，只明"玄空"二字之义，则衰旺生死了然指掌之间，不必寻乾纳甲、坤纳乙、巽纳辛、艮纳丙、兑纳丁、震纳庚、离纳壬、坎纳癸之天父地母，一行所造卦例矣。

［直解］无定无据，无方无隅，无始无终，无形无迹，无往不在，无时不有，曰"玄空"。五行者，是挨星五行，即"大玄空九星五行"，非诸家之五行也，切莫误认。九星五行之中，有与时合者，有与时背者。八卦九星，本无有凶，不合则凶；本无有吉，合时则吉。如此则墓宅之兴衰了然矣，何必用寻乾寻甲之法乎？

颠颠倒，二十四山有珠宝；顺逆行，二十四山有火坑。

[姜注]颠倒顺逆，皆言阴阳交媾之妙。二十四山阴阳不一，吉凶无定，合生旺则吉，逢衰败则凶。山山皆有珠宝，山山皆有火坑，毫厘千里，间不容发，非真得青囊之秘，何以能辨之乎？

[直解]颠倒，即翻天倒地之颠倒，正是"阴不是阴，阳不是阳"之颠倒。下二句总论俗术之非。

认金龙，一经一纬义不穷。

动不动，直待高人施妙用。

[姜注]《易》云："乾为龙"。乾属金，乃指先天真阳之气无形可见者也。地理取义于龙，正谓此耳。一经一纬，即阴阳交媾之妙。金龙之经纬，随处而有，而动与不动，去取分焉，必其龙之动而后妙用出焉。若不动者，不可用也。金龙既属无形，从何可认？认得动处，即知用法，所以有待高人也欤。

[直解]认金龙者，即认无形之气也。无形之气日往月来，盈虚消长，经纬无穷者也。此气从何可认？苟能认得无形之气，孰往孰来，谁消谁长，方知其动与不动。知得动处，即知察血脉、认来龙之法矣。一经一纬者，即动者运行于上，无一息之停，主降；静者安静于下，亘古不移，主升。升升降降，上行下效，纵横颠倒，总由动而使然也。如舍经而言纬，非但无气质生成之妙理，且无用往来之气化，孤阳不生，纬亦空有是纬矣；如舍纬而言经，非但无寒暑以化物，并无秋落春荣之变易，独阴不育，经亦徒有是经矣。

○金龙既属无形，不在形迹上求动静晓然矣，不在干支方位上求动静亦晓然矣。

第一义，要识龙身行与止；

第二言，来脉明堂不可偏；

第三法，传送功曹不高压；

第四奇，明堂十字有玄微；

第五妙，前后青龙两相照；

第六秘，八国城门锁正气；

第七奥，要向天心寻十道；

第八裁，屈曲流神认去来；

第九神，任他平地与青云；

第十真，若有一缺非真情。

[姜注] 上节言金龙之动不动，而此节紧顶"龙身行与止"，学者不可忽也。盖有动则有止，不动则虽有金龙，只云行龙，原无止气，故高人妙用以此为第一。有此一着，然后其余作法可次第而及也。"来脉明堂不可偏"，非谓"来脉必与明堂直对，不可偏侧"也。若如所云，则子龙必作午向，亥龙必作巳向矣。来龙结穴，变化不一，有直结者，有横结者，有侧结者，岂容执一？杨公之意，盖谓"来脉自有来脉之受气，明堂自有明堂之受气，二者须各乘生旺，兼而收之，不可偏废"也。传送功曹乃左右护龙星辰，盖真龙起顶，必高于护砂，乃为正结；若左右二星反压本山，非龙体之正矣。平地亦然，贴身左右有高地掩蔽阳和，房分不利，俗术所不觉也。十字玄微，乃裁穴定向之法。虽云"明堂"，实从穴星内看十字。明此十字，则穴之上下左右、向之偏正饶减尽于此矣。其云"玄微"，诚哉其玄微也钦！

"前后青龙两相照"，从案托龙虎定穴法者，此义易知。八国，城也。八国有不满之处，是曰"城门"。盖城门通正气之出入，而八国锁之，观其锁定之方，便知是何卦之正气，以测衰旺而定吉凶也，故曰"秘"。"天心十道"紧顶八国城门而来，盖城门既定正气之来踪，而又当于穴内分清十道，乃知入穴正气广狭轻重、铢两平衡之辨，故曰"奥"。此两节专言入穴测气，非认形势也。不然，则与明堂十字、前后青龙两条不几于复乎？屈曲流神，已是合格之地，然有此卦来则吉，彼卦来则凶者，概以屈曲而用之，误矣。须有裁度，乃可变通取用，故曰"裁"。以上皆审气之真诀，至微至渺者，一着不到，将有渗漏而失真情矣。平地高山总无二法。上八句各是一义，末二句不过叮咛以嘱之，语气凑拍，借成十节耳。

[直解] 第一义〇上节言无形之气动不动，此节言有形之质止不止。

杨公看雌雄之法，盖以有形之质为体，无形之气为用。一体一用，虽有动静之殊，然必体立而后用行，故以龙身行止为第一。《经》云"形止气蓄，万物化生"，即此之谓也。

第二言○山有山之行止，水有水之行止，分定行止，然后辨其是地非地，再辨其属何卦气，属何生旺，得为不偏，不得即谓偏，非坎龙离水之偏不偏也。

第三法○传送功曹，是前后左右辅从之别名。高压者，宾欺主之象也。

第四奇○明堂十字，仍裁穴定向之法。在未立穴以前，先看四面情形，八方气势；次看来山来水，合何时之生旺；再看内堂外堂，去来止聚之方。如是则知穴之宜左宜右，宜前宜后，自有一定不可移易之穴，自有一定不可移易之向矣。

第五妙○细看前后左右龙虎案托。左为龙，右为虎，前为案，后为托；环抱开面，相向有情，为照。两相照者，八方相照，有情也。

第六秘○"城门"二字，最难拘碍。水有水之城门，山有山之城门。水之城门有三叉，以三叉为城门；无三叉，以水之照穴有情处为城门；亦有以来处为城门，亦有以去口为城门，总以有权有力处为是。山之城门，以入首束气处为城门，或以过峡起顶处为城门，亦有以某处来脉即以某处为城门。平原平阳，以枝浜界气为城门，或以低田界水止处为城门。锁正气者，看准城门正气锁定在何方也。

第七奥○天心十道，是用法之至美者也。上文十道从形迹上看，此节以体用合宜，山水兼得，便为十道。十道即天卦之十道，非地卦之十道也。地卦之十道，一九、二八、三七、四六、人人知之，何以云奥？杨公于此节发明要向天心寻者，真所谓"披肝露胆之说，阴阳相见之妙诀"也。苟能会得其理，十道自然有处可寻，当在向上分清，不用别处寻也。

第八九十三节○水神虽以曲为吉，然有此处来则吉，彼处来则凶者，其中须有裁度。平地青云，即高山平洋。高山平洋，其用则一。十真者，龙、穴、沙、水、鬼、曜、朝、对，处处环抱朝拱；更兼山得山之用法，水得水之用法，此即谓"十真"。或体好而用不能全合，或用得而体少有偏侧反跳之形，总谓之"缺"。以上十节，须以龙真穴的为要。龙果真，穴果的，止自有止，行自有行，自有明堂，自有功曹，自有传送，自有十字，自有城门，左右自然照应，流神自然屈曲。如龙穴一有不的，"外面空有万重山"即此谓也。

明倒杖，卦坐阴阳何必想。

［姜注］此以下二节，专指山龙穴法，与平地无涉。因世人拘执净阴净阳之说，故一语破之。倒杖，非必如俗传"十二倒杖法"，此后人伪造也。只"接脉"二字，足尽倒杖之真诀。既知接脉，便知真穴；既得真穴便有真向，自然之阴阳已得，又何必净阴净阳之拘拘哉！

［直解］此节申言裁穴定向之法。要在未立穴以前，先看山之来脉，从何起顶，从何入首，细细看准。某干上是来脉，某干上是入首，辨清干支夫妇；再看水之去来，某处是来源，某外是去口，某处是三叉，一一看到；然后再辨孰阴孰阳，谁得谁失，方可剪裁趋避。如卦坐倒杖等语，总言乘气收水之法。"何必想"三字，是言杨公不勉而中、不思而得之致。

〇杨公当时携杖登山，随机指点，后人神其说，为有十二种倒杖法，传讹之至。

识掌模，太极分明必有图。

［姜注］山龙真穴，必有太极晕藏于地中，此晕变化不同，而其理则一，非道眼孰能剖露哉！

［直解］按"识掌模"三字，分明是掌上起星辰类聚群分之太极，何曾说着地中之太极？果是地中之太极，与掌何相干涉？〇要得内极，先求外极；弗识外极，焉识内极？既识外极，再寻内极；从此寻极，万不失一。要求太极，先求的穴；再寻蝉翼，自有真极。

〇无物即无极，无极即无物；有物自有极，有极自有物。极以物定，物以极分。未生物，先生极，未生极，先生物。极生物，物生极。极物生生，方知物物一太极。

知化气，生克制化须熟记。

[姜注]生旺之气为生，衰败之气为克。扶生旺之气，胜衰败之气，是为制化。此一节兼平地而言。

[直解]知化气，要知天地化育之气。化育之气，至公至平，无往不在，无时不有。既知此气，再细细考其所以生、所以化、所以克制之理，苟能熟记于胸中，则天地之气机、墓宅之兴衰了然矣。生克即五行之生克。制与化，盖言以文制武，以贵治贱，以长治幼，以尊治卑之理。三纲五常为王道之制化，此理之当然也；阴阳刚柔、水火木金为五行之制化，此气之当然也。其事虽异，其理则一，细心参考，制化之理自得矣。

○虚则补其母，实则泻其子，亦是制化之妙法也。

说五星，方圆尖秀要分明。

晓高低，星峰须辨得玄微。

鬼与曜，生死去来真要妙。

[姜注]此三节，皆论山龙形体，不须另解。鬼曜之生死去来，是辨龙之要着也。龙之转结者，背后必有鬼。有穴星如许长，而鬼亦如许长者，俗眼难辨，有反在鬼上求穴者。不知穴星是来脉，为生；鬼身是去脉，为死，察其去来，而真伪立辨矣。尽龙左右龙虎都生曜气，向外反张，有似乎砂之飞走者，此真气有余，直冲上前；而余气带转，如人当风振臂，衣袖飘扬反向后也。在真龙正穴，则为曜气；在无有穴之地，则为砂飞。此其辨在龙穴，而不在砂也。

[直解]"五星"，即木直、金圆、土方、水曲、火尖之五星。"要分明"者，要说五星正变之象也。

○星峰在旺方宜高，衰方宜低，是杨曾之真诀。须高处得高处之五行，低处得低处之五行。元微者，各得其宜也。

○鬼曜专论挨生弃死之法。

向放水，生旺有吉休囚否。

[姜注]向中放水，世人莫不以来水特朝为至吉，去水元辰走泄为至凶。

殊不知向上之水，不论去来，若合生旺，则来固吉，去亦吉；若逢休囚，则去固凶，来亦凶。杨公因向上之水关系尤紧，其说最能误人，故特辨之。

[直解]大凡向上之星，得生旺为要。《五歌》云："向首一星灾福柄。"向上无水去来者犹可，或有水去来者，或有水聚者，或见水光者，或合成三叉者，此谓之玄关，又谓之城门，关系盛衰之地，最为紧要，可不加意细察乎！○重在玄空得失，不重水之去来。然来水特朝，去水走泄，其形人所易晓；生旺休囚，世所不识。

二十四山分五行，知得荣枯死与生。

翻天倒地对不同，其中秘密在玄空。

认龙立穴要分明，在人仔细辨天心。

天心既辨穴何难？但把向中放水看。

从外生入名为进，定知财宝积如山。

从内生出名为退，家内钱财皆费尽。

生入克入名为旺，子孙高官尽富贵。

[姜注]玄空大卦之妙，只"翻天倒地对不同"尽之。二十四山既分定五行，则荣枯生死宜有一定矣。及其入用，有用于此时则吉，用于彼时则凶者，时之对不同者，其一也；有用之此处则吉，用之彼处则凶者，物之对不同者，又其一也。此其秘密之理，非心传不可。天心即上文第七奥之天心，另有辨法，非时师所谓"天心十道"也。若如时师之说，又何用仔细耶？天心既辨，则穴中正气已定，而挠其权者，在向中所放之水也。从外生入、从内生出，此言穴中所向之气也。我居于衰败，而受外来生旺之气，所谓"从外生入"也；我居于生旺，而受外来衰败之气，似乎我反生之，故云"从内生出"也。此言穴中所向之气。穴中既有生入之气矣，而水又在衰败之方，则水来克我，适所以生我也。内外之气，一生一克，皆成生旺，两美相合，诸福毕臻，所以高官富贵有异于常也。此其中正有对不同者存焉。旧注所云"小玄空水生向克向为进神，向生水克水为退神"，非是，青囊岂有两玄空五行耶？

[直解]二十四山何山当顺推五行，何山当逆挨九星，知此即知得生死荣枯矣。何山顺，何山逆，有一定之气，无一定之位，须参与时偕行。与时偕极，自有一阴一阳随时而在者也。晓得在在之阴阳，空中分阴阳、定五行之诀可得矣。如生出生入，克出克入，乃言穴中所向之气也。穴中所向之气，衰旺有运，死生随时，不可以一例求之者也。

　　脉息生旺要知因，龙歇脉寒灾祸侵。

　　纵有他山来救助，空劳禄马护龙行。

　　[姜注]此下二节总一篇之意，言先寻龙脉，以定穴之有无；次论九星，以辨气之吉凶也。此一节先言形体，而以来龙之脉息为重，外砂之护夹为轻。

　　[直解]生旺是气运之生旺，知气运之生旺，方可立向消纳，剪裁趋避。倘不知此气，则趋非所趋，避非所避，空用禄马贵人，有何益哉？○山龙真结，到落脉入首处，必有似有似无呼吸浮沉之动气，此谓之"脉息"，犹人身之六脉一般。身之六脉，主宰血气，流行三焦，灌溉全体。脉非他物，即神之别名也。华元化云："脉者，气血之先也。先也者，主宰乎气血之神也。"由此观之，脉之生旺岂可忽乎？

　　劝君再把星辰辨，吉凶祸福如神见。

　　识得此篇真妙微，又见郭璞再出现。

　　[姜注]此一节乃言卦气，而以九星大五行为主。言如上节所云，虽得来龙脉息之真穴，而吉凶祸福尚未能取，必劝君再将挨星诀法，细审衰旺生死，而后可趋吉而避凶，转祸而为福。一篇之旨，不过如此。苟能识其微妙，前贤与后贤，一般见识，一般作用，《青囊》三卷，更无余义矣。

　　[直解]龙穴砂水、分合向背，诸般皆有形迹可见，是真是假，人所易晓。惟大玄空五行之法，世所不知，即古今以来，知者不过数人而已。"再"者，杨公教得诀者而言也，谓既得真诀，又得吉地，再将大五行之情性刚柔、往来进退、盈虚消长，细细审辨，而后趋避，如是则体与用无所不当矣。

　　○细按"再辨"两字，明明教得诀者而言也。谓既得真诀，再将星辰考究明彻。星有吉凶消长，有阴阳往来，有气色情性，有五行禀性，有三吉五吉，有统令专令；于五常有君臣、父子、夫妇、昆弟；于时有秋、冬、春、夏；于物有方圆直锐；于五行有水、火、木、金。诸星各有所司，诸物各有所禀，苟能细细考究明彻，前贤后贤，一般见识，一般作用，诚哉得诀者所当辨也！

总论杨公此篇，其言玄空大卦、挨星五行，即《青囊经》上卷"阳生于阴之义"，而下卷"理寓于气"之妙用也；其言倒杖、太极晕、五星、脉息，即《青囊经》中卷"形止气蓄"之义，而下卷"气囿于形"之妙用也。一形一气，括尽青囊之旨。而究其玄机正诀，如环无端，不可捉摸，谓之曰"奥语"宜哉！

地理辨正直解卷之三

天玉经①

内传上

江东一卦从来吉，八神四个一。

江西一卦排龙位，八神四个二。

南北八神共一卦，端的应无差。

[蒋注]《天玉内传》，即《青囊奥语》挨星五行、玄空大卦之理。杨公妙用，止有一法，更无二门。此乃反复其词，以授曾公安者也。江南、江北、江东、江西，曾序已先下注脚矣。但南、北、东、西，应有四卦，而此云三卦者，缘玄空五行，八卦排来，止有三卦故也。江东一卦者，卦起于西，所谓"江西龙去望江东"，故曰"江东"也。"八神"，即八卦之中，经四位而起父母，故曰"八神"。"四个"者，八神之中恋四位也。"一"者，此一卦只管一卦之事，不能兼通他卦也。"江西一卦"者，卦起于东，反而言之，即所谓"江东龙去"，望江西亦可，故曰"江西"也。亦于八卦之中，经四位而起父母，故亦曰"八神"。"四个二"者，此一卦兼管二卦之事，而不能全收三卦也，比如坎至巽乃第

---

① 唐杨益筠松著，云间蒋平阶注，无心道人直解。

四位，巽至兑亦经四位，八卦之中各经四卦，故曰"八神四个二"也。"南北八神"者，乃江北一卦，所谓"江南龙来江北望"也。不云"四个"者，此卦突然自起，不经位数，与东西两卦不同也。"八神共一卦"者，此卦包含三卦，总该八神，又非"八神四个二"之比也。夫此东、西、南、北三卦，有一卦止得一卦之用者，有一卦兼得二卦之用者，有一卦尽三卦之用者，此谓元空大卦，秘密宝藏，非真传正授，断不能洞悉其妙者也。

○俗注寅至丙为东卦，申至壬为西卦，午至坤为南卦，子至艮为北卦，非。

[直解] 江东一卦，即后天之震卦；江西一卦，即洛书之兑位。既论元运，震有震之吉时，兑有兑之旺运。今先将震之吉时，而论震为三，天元之末运，可知待震卦当令，坎坤都已过时矣。即得不为我吉，巽又属一元，故曰"四个一"。此一卦只得一卦之用，不能兼通他卦故也。然非卦之不能，时之不能也。再论兑卦，兑为七，下元之首运，可知既属首，该包三卦，即以七数至九，亦该得三吉。曰"二"者何也？惟玄空心法中，只得艮兑，不得离九，故曰"四个二"，此一卦只得兼通二卦之用，不能全收三卦故也。此非时之不能，天卦之不能也。"八神"者，即坎坤震巽离艮兑乾也。"共一卦"者，即共此一卦而为九也。能用此一卦，所建之处，即能全收三卦，总该八神，又非八神四个二之所可比也。读者先将九宫八卦分清之法，知起于东，起于西，青囊之奥得矣。

[补义] 江东卦属地势，八神壬、丙、甲、庚、辰、戌、丑、未是也。如何云是江东？以其卦起于西，如壬之一字在子之西，反而名之曰"东"，此即元空大卦，颠倒装成，挨星之秘，亦即"江西龙去望江东"之义。四个者，地卦之四干属阳，四支属阴也。一者何？地卦四阴四阳偕为八卦，逆子不与父母同行，单阴单阳故也。江西八卦，八神癸、丁、乙、辛、寅、申、巳、亥是也。如何云是江西？以其卦起于东，如癸之一字在子之东，反而名之曰"西"，亦即元空颠倒装成之秘。四个

者，人卦之四干属阴、四支属阳也。"二"者何？四阴四阳偕为八卦，顺子与父母同行，双阴双阳故也。南北卦属天卦，八神乾、坤、艮、巽、子、午、卯、酉是也。南北者，以子南午北也，"端的应无差"，以天卦八神，力大元厚，统摄人地两卦为用，是八神四个三之意，小异其文耳。

　　二十四龙管三卦，莫与时师话。
　　忽然识得便通仙，代代鼓骈阗。

［蒋注］二十四龙本是八卦，而八卦又分为三卦，此元空之秘，必须口传。

〇若俗注丙本南离而反属东卦，壬本北坎而反属西卦，牵强支离，悖理之极，且云四个一者，寅辰丙乙四个在一龙；四个二者，申戌壬辛四个在二龙，又属无谓。

［直解］二十四山，本是八卦，此云三卦者，何也？法将九宫分配三元，一元分得三卦，即一二三四五六七八九也。然法虽如此，用要变通，不可执一，二三四五六七八九一，亦为三卦，总要与葬时之一卦，合而生即为吉，退而衰即为凶。《经》云："将来者进，成功者退"，即此谓也。三卦，即三般卦之三卦，此卦周流六虚，无所不至，此阴彼阳，无时不易，即八卦二十四龙，阴阳颠倒，变化错综，都由此而起，故曰"管"也。

［补义］二十四龙，不作八卦，不作四卦，乃作三卦，此天宝秘籍也。"知得便通仙"，极口赞美，有得此卷者，亟当作函玉瑞锦，以示珍重。

　　天卦江东掌上寻，知了值千金。
　　地画八卦谁能会，山与水相对。

［蒋注］天地、东西、南北，皆对待之名，所谓"阴阳交媾"，元空大卦之妙用也。此节方将山与水相对，略指一斑，漏泄春光矣。非分天卦于江东，分山水相对于地卦也。若以辞害志，分别支离，即同痴人说梦矣。

○俗注天卦地支从天干，以向论水神旺墓；地卦天干从地支，以龙论山水生死，谬矣。

[直解] 天卦即玄空，江东即玄空中之生旺。山与水相对者，水上之星，即山上之星；山上之星，即天运之星；将此天运之星，轮到城门，或山上，此为山与水相对。非必拘定要水与山相对，只要水上之星与时相对耳。

○天卦地卦，非天父地母之俗说，切莫误认天卦，即无形之气运行于上，万物生生之始也。江东者，无形气中之生旺也。三元各有生旺，故云江东江西，此气无形可见，无迹可寻，全凭往来消长之中细辨，某为江东，某为江西，在江东时用江东为令星，在江西时用江西为令星，空中取用之法，晓然明白。再查有形有迹之八方，何方来水，何方去水；何方来龙，何方会于其间。再查山上龙神，水里龙神，雌雄相对与否。此相对，非坎龙必须离水之相对，兑龙必须震水之相对，所谓"相对"者，山上水里，与时相对也。

[补义] 一山一水，是地下之阴阳；山对水，水对山，是地下之媾合。必地下有阴阳，有媾合，而后能招摄上天之气，反荫生人死魄。若地下有阳差阴错之愆，即天气亦云随风散，飘而不留，何荫之有？

父母阴阳仔细寻，前后相兼定。

前后相兼两路看，分定两边安。

[蒋注] 卦有卦之父母，爻有爻之父母，皆阴阳交媾之妙理。此节"前后"指卦爻而言，一卦之中为父母，卦前卦后偏旁两路即为子息。若不仔细审察，恐于父母之胎元不真，而阴阳有差错矣。

○俗注以前兼后为天卦，属向首；后兼前为地卦，属龙家，为顺逆者，非。

[直解] "父母"是随气建极之父母，"阴阳"是随时变易之阴阳。此阴阳名有定名，位无定位，须从颠倒变易之中，细细辨其阴阳，分其顺逆，故曰"寻"也。"前后"是言山上水里之前后，山上水里各有用法，故曰"两边安"也。两边两路，总言山上水里来往各得其用也。

[补义] 一卦三爻，三爻即分三用，"仔细寻"者，教人随地取裁，应用何爻，乃真有配偶；用何爻，则失其配偶，祸福反掌，吉凶如神。用中爻为天卦，用前爻为地卦，用后爻为人卦，前兼是天地，后兼是天人，所用之爻为地母，对宫之爻曰天父，此父母二卦一定之位也。颠之倒之，总以父母二爻为主。"两路看"，山上看来脉应下何卦何爻，水里看去路应下何卦何爻。"两边安"者，地卦人卦也。

卦内八卦不出位，代代人尊贵。

向水流归一路行，到处有声名。

龙行出卦无官贵，不用劳心力。

只把天医福德装，未解见荣光。

[蒋注] 八卦之内有三卦，在三卦之内，则为不出卦而吉；三卦之外，即为出卦而凶。向须卦内之向，水须卦内之水，二者皆归本卦，则全美矣。

[直解] 山得山之卦内，水得水之卦内，向得向之卦内，此谓不出位。中二句甚言不出卦之妙，如行龙先见错杂，水神又流出卦来，龙来水先带驳杂，用法又兼巨武之差错，内外都出，是为真出矣。

[补义] 卦内八卦者，每卦八路也。龙脉山水，总在八路之内，谓之不出卦；出八路之内，谓之出卦。总在一卦之内，名一路行。出卦力杂，故无官贵。

倒排父母荫龙位，山向同流水。

十二阴阳一路排，总是卦中来。

[蒋注] 倒排父母，即颠倒之意，阴阳交媾，皆倒排之法。山向与水神必倒排以定阴阳。十二阴阳即借二十四山之理，言虽有二十四位阴阳，总不脱八卦为父母也。

[直解] 倒排，即颠倒。山向水神，必须颠倒，以定阴阳；二十四山，或顺或逆，总自颠倒中来也。

[补义] 既得用爻阴阳，父母妙在倒排，方得真生旺。"荫龙位""同流水"，极言父母倒排之法最贵之意。十二阴阳者，二十四路，一阴

一阳，配成十二也。

　　关天关地定雌雄，富贵此中逢。

　　翻天倒地对不同，秘密在玄空。

　　[蒋注]雌雄交媾之所，乃天地之玄窍，知其玄窍而后交媾可定也。"江南龙来江北望，江西龙去望江东"，此为翻天倒地，已详《奥语》注中。

　　○俗注以辰戌丑未为关天关地，非。

　　[直解]关即察也，看也。关天者，察天运行消长之气也。关地者，看地之是地非地，去水来山之方位也。天地形气既定，再分雌雄，再定顺逆，再凭掌上排其吉凶，取其合时合运者用之，失时失令者去之，此挨星之妙，秘密深藏，全在玄空上着眼，不在形迹上寻也。故曰"对不同"。在玄空，"天地"二字，指干支而言。关，即关空中变易之干支，知空中变易之干支，即知定雌雄、分顺逆之奥矣。"翻倒"，是言阴可作阳、阳可作阴、阴不是阴、阳不是阳之翻倒也。

　　[补义]雌雄媾合，本有"翻天倒地对不同"之妙，然有同一山向、同一交媾而有富贵大小之不同。此其翻倒，实有仙凡之对不同者存焉。即得元空大卦之秘者，未易臻此。

　　三阳水向尽源流，富贵永无休。

　　三阳六秀二神当，立见入朝堂。

　　[蒋注]"三阳"者，丙午丁也。《天玉》《青囊》既重挨星生旺矣，而此节提出三阳，别有深意，非笔舌所能道。"六秀"者，本卦之二爻，故曰"二神"。《天玉》以卦之父母为三吉，以卦之子息为六秀。

　　○俗注艮丙巽辛兑丁为六秀，非。

　　[直解]三阳水向是活泼泼地，一处有一处之三阳，一时有一时之三阳；此处可作三阳，彼处亦可作三阳；此时有三阳，彼时亦有三阳。"三阳"二字，随气变迁，不可执一。注中独提"丙午丁"三字，不过以此为例耳。

　　[补义]老阴老阳是四位，少阴少阳是四位，用其一则三者为三阳，

此蒋注别有深意之秘。二神者，正神、零神也。六秀者，一卦八路，山上用一路，向上用一路，所余六路谓之六秀。蒋注丙、午、丁为三阳火，外有巽、丙、丁为三阳水。

　　水到玉街官便至，神童状元出。
　　印绶若然居水口，玉阶近台辅。
　　冬冬鼓角随流水，艳艳红旆贵。

[蒋注]鼓角、红旆皆以形象言。

○俗注乾坤艮巽为御街，长生前一位为鼓角，后二位为红旆，非。

[直解]御街指来水印绶言，罗星鼓角红旆皆是砂之美名，此节以象取类应之耳。俗注论方位，非。

[补义]此砂形也。语白似《玉尺》，诀法亦在《玉尺》。

　　上按三才并六建，排定阴阳算。
　　下按玉辇捍门流，龙去要回头。

[蒋注]三才即三吉，六建即六秀。此节上二句论方位，故须排定阴阳；下二句论形势，玉辇、捍门皆指去水须缠身兜抱，谓之曰"回头"也。

○俗注以长生诸位为六建，及玉辇捍门，俱就方位言者，非。

[直解]"六建、三才"，言来山来水干支卦位之吉凶。"阴阳算"者，即算山上水里得失之属也。"玉辇、捍门"，皆指去水回头者，去而复回，有恋恋不舍，水情状也。

[补义]三吉谓贪、巨、武也。本卦谓贪狼生气，对斜为武曲、延年，对卦所配为巨门、天医，本官左右为辅为弼，合成五吉。义见"贪狼原是发为迟"，"合辅而成五吉龙"等句。

　　六建分明号六龙，名姓达天聪。
　　正山正向流支上，寡天遭刑杖。

[蒋注]下二句紧接上二句而言，水之取六建是矣。然卦之山向，在四隅卦中交，则用本卦支神之六建；在四正卦中交，当用本卦干神之

六建。若取正山正向，而水爻流他卦之支上，是阴差阳错，而必有寡夭刑杖之忧矣。举四正卦，而四隅卦不辨自明矣。此节以下专辨干支零正、阴阳纯杂，毫厘千里之微。

［直解］水法中，有天建、地建、人建、马建、禄建、财建。此六建，乃上好格局。然恐水多，则易犯差错，故特辨之。假如四正卦上有水，当用本卦干神为六建。如壬子癸一卦，壬癸为建，子为才，又为吉，或兼丑，或兼亥，则有寡夭刑杖之忧矣。知此则四隅之卦，可以类推矣。

○前后五节，总是辨方位、定吉凶之法。六建三才，二神三吉，丙午巳丙，指方位干支而言。究其所以然之故，必须体用兼到为要也。

［补义］六龙即《易》"时乘六龙以御天"之龙也。得御天之龙，固宜富贵，名达天聪矣。御天六龙者，生龙、旺龙、死龙、杀龙、平龙、困龙也，亦属卦内一定之用。正山是秉天之山，正向是御天之水，流支上，谓水出卦也。

共路两神为夫妇，认取真神路。

仙人秘密定阴阳，便是正龙冈。

［蒋注］共路两神，即一干一支也。一干一支，皆可为夫妇。然有真夫妇，有假夫妇。真夫妇为正龙，假夫妇即非正龙矣。如巽巳为真夫妇，丙午亦真夫妇，若巳丙则不得为真夫妇矣。其它仿此。

［直解］两神即一干一支，壬子亥壬，真假之属也。"认取"，指来山来水兼坐向而言也。看准来山来水干支夫妇，再辨其孰阴孰阳，是真是假，便是分阴阳、定五行之纲领，故名之曰"真神路"。

［补义］一干一支，皆可为夫妇，"一六同宫，二七共处，三八为朋，四九作友。"一干一支，配成阴阳，如子乾、乾子、午巽、巽午、酉坤、坤酉、卯艮、艮卯，一山一水，互相为用，为天元卦中之夫妇。人地两卦仿此，此一诀也。如巽巳、巳巽、艮寅、寅艮、乾亥、亥乾、坤申、申坤、壬子、子壬、甲卯、卯甲、丙午、午丙、庚酉、酉庚，俱是同宫真夫妇，若癸丑、乙辰、丁未、辛戌，俱是假夫妇，俱不同宫，

由于气有变杂，然亦见有用之而发福者。由乎天造地设，一毫不假人为；在乎明师品配，取用得其真性情，亦有妙用存焉。所谓"贵通活法"也。吾辈读书精理，总宜打破篱壁，而挥其营垒，而卓然有征，毋为陈言所误。

> 阴阳二字看零正，坐向须知病。
> 若遇正神正位装，拨水入零堂。
> 零堂正向须知好，认取来山脑。
> 水上排龙点位装，积粟万余仓。

[蒋注]《青囊》《天玉》盖以卦内生旺之位为正神，以出卦衰败之位为零神，故阴阳交媾全在零正二字。零正不明，生旺必有病矣。若知其故，而以正神装在山上为生入，而以零神装在水上为克入，则零堂正向岂不皆收其妙乎？向水既妙，而来山之脑，未必与坐向相合，又当认取来山。果又与坐向同在一卦，则来山又合，非但一向之旺气而已，惟水亦然。盖山有山之脑，水亦有来水之源，水龙即是山龙，亦须节节排去，点位装成，果能步步零神，则水之来脉，与水之入口同一气；山之所向，与山之来脉同一气，斯零正二途无间杂，而为大地无疑矣。

[直解]零正，即阴阳消长之道。阳长即零转而为正，阳消则正转而为零，消长不一，阴阳无定。苟能考究消长之精微，方晓坐山朝向之病不病矣。坐向，谓坐之得则坐，向之得则向，重在得与弗得，不重坐与向也。

[补义]"认取来山脑"，是山上下卦之秘。"水上排龙点位装"，是水里下卦之秘。

> 正神百步始成龙，水短便遭凶。
> 零神不问长和短，吉凶不同断。

[蒋注]此承上文而言。正神正装，向固吉矣，然其向中来气，须深远悠长，而后成龙；若是短浅，则气不聚，难以致福。至于水则不然，一通正神，虽一节二节，其煞立应矣。其零神之长短，又与正神有异。使零神而有水，虽短亦吉；若零神而在向，虽短亦凶。是吉凶之零

神，在水向之分，而不系乎长短也。

[直解] 正神言山上排龙，零神言水上排龙。山上排龙，排得正神所到之方，宜来龙来脉实地高山俱吉，有水则凶。所谓百步者，甚言其最近也。水上排龙，排得零神所临之地，得水便吉，无论远与近也。此亦平洋裁穴定向之要诀也。

○山上零神，即水里正神；水里零神，即山上正神。上元正神，即下元零神；下元正神，即上元零神。零正无定，随时运行而升降者也。

[补义] 水是正神之水，得百步之长，而水龙成矣。若水短，则水虽正神，亦不成龙。零神长短，有吉有凶，盖由于挨来之星以为主宰，星吉则凶水为制伏，星凶则吉水亦灭福，故云"不同断"。

父母排来到子息，须去认生克。

水上排龙照位分，兄弟更子孙。

[蒋注] 亦承上排龙而言。卦之中气为父母，卦之二爻为子息，而本宫他卦之父母为兄弟。上二句言山上排龙，下二句言水上排龙。山上排龙，从父母排到子息，总是一卦，则卦气纯矣。然须认其卦之生克，若得卦之生气，则纯乎吉；若得卦之克气，则纯乎凶矣，岂可谓其卦之纯一而遂谓吉哉！山上排龙，来脉一路，大都只在一卦之内；至于水上排龙则不然，水有一路来者，有二路、三路来者，故须照位分开，而不能拘一卦之父母，只要旁来之水，亦在父母。一气之卦，谓之兄弟，兄弟卦内，又有子孙，虽非一父母，而总是一家骨肉，来路虽多，不害其为吉也。凶者反是。

[直解] 上二句言山上排龙，下二句言水上排龙。山上排龙，以山为龙者也。穴后有主山，即以主山为父母；无主山，以入首束气处为父母，其余转换传变，高低起伏，开帐结顶之处，即为子息。此子息，是形象之子息，非挨排之子息；挨排之子息，盖以主山入首处挨着五行为父母，开帐起祖之处挨着五行为子息。此处五行，总要有益于主山入首者为生，与主山相剥相反者即为克，非是主山火曜，不取艮金祖带廉贞无用曲水之呆法也。水上排龙，以水为龙者也。水有一处来者，有两三

处来者，有四五处来者，总以照穴有情有力处为主。众水排龙之法，排着同元一气者为兄弟，挨得五吉三星者亦为兄弟。兄弟之左右两爻，便为子息，非子父财官之子息也。

[补义]《天玉外传》云："二十四山起八官，三卦泄元空。恩仇却是先天定，宗支分两姓。同官异性纷纷在，一宅有内外。两家父母生儿孙，多寡不同论。一家骨肉有十四，一家十个是。"指出父母、兄弟、子息、恩仇、姻亲、玉帛、禄马，认生克，排龙位，须点位卦，并实见得是兄弟，是子息，是仇急，是姻亲，而妙用始得其法。如当一白之元，一即为祖宗，以先天坤位为母，以先天乾位为父，以后天壬子癸、丙午丁为男女，又以中爻为父母，两旁为子孙，以中爻受气多，又当值元之位也。如所下之卦是先天子位，则乾与子为内交，巽与午为外交，合子、午、乾、巽，谓之曰神；统卯、酉、艮、坤，谓之八贵，盖卯、酉为子、午之同宗兄弟姊妹也。艮、巽与乾、坤是子、午之异姓兄弟姊妹也。或子兼癸，癸在后，为后兼，为天兼人卦，合八贵与癸、丁、乙、辛，并本卦之壬、丙，是名一家十四，余十官为一家十个，但又有姻亲、有仇急之别。辰、戌、丑、未是仇敌之人，以阴对阴，支对支，虽属一体，而情不相睦，虽曰同而意常争胜，甲、庚是相远与之人，壬、丙是同居异心之子，共生一处，而心性形容都别；各处一方，而面目声音不同，以干非支偶，阳非阴类。乙、辛二路与同官癸、丁，又是一层兄弟，一气之义。寅、申二官，与山向子、午，有隔八相生之数，俱属瓜葛姻亲。巳、亥二字，有似行道之人，漠然冥然，既无亲，亦无急也。他卦仿此。

二十四山分两路，认取五行主。

龙中交战水中装，便是正龙伤。

前面若无凶交破，莫断为凶祸。

凶星看在何公头，仔细认踪由。

[蒋注]此一节专举卦之差错者而言。两路者，阴阳生死也。二十四山每山皆有两路，非分开二十四山归两路也。两路之中，须认取五行

之所主。五行所主，贵在清纯。若龙中所受之气即不清纯，而吉凶交战矣。倘能以水之清纯者救之，庶龙气遇水制伏，而交战之凶威可杀。奈又将龙中交战之卦，装入水中，则生气之杂出者不能为福，而死气之别出者适足为祸，正龙有不受其伤者乎？然水之差错，其力足以相胜，吉多者吉胜凶，凶多者凶胜吉。入口虽然交战，而来水源头，若无凶星变破，则气犹两平，虽不致福，未可遽断为凶祸。且凶星之应，亦若公位之分，吉凶双到之局，只看某房受着，便于此房断其有祸，不受着者亦不应也；非如纯凶不杂之水，房房受其殃祸之比，故其踪尤当仔细认云。

[直解] 五行主者，山水清纯，一卦之主也。如来龙出卦，与左邻右舍相杂，此谓龙中交战。水神又流出卦，与他卦干支混淆，此谓水中交战。挨星又一得一失，装在水中，此谓空中交战。山与水俱属吉凶交战，用又半吉半凶，如是正龙有不受其伤者乎！前面言水，水上挨星，若无凶星交战，未可遽言其凶。末二句与公位若来之意同耳。

[补义] 二十四山分两路，即"恩仇却是先天定，宗支分两姓"之解，"龙中交战"谓出卦、杂卦之龙。凶交破，谓出卦。杂卦之局，看何公头，知是何房受灾。夫杂局之能发福，余眼中所验，不胜缕述。凶星看何公头，亦一定之法，此看杂局秘诀也。

先定来山后定向，联珠不相放。

须知细觅五行踪，富贵结全龙。

[蒋注] 此节单就山上龙神而言。《青囊》《天玉》原以来山所受之气，与向上所受之气卦为两局，然两局并非截然两路，故云"联珠不相放"，此不可约略求之者也，须当细觅踪迹。若是富贵悠久之地，必然来山是此卦，而向首亦是此卦，一力清纯，方得谓之全龙耳。

[直解] 先定来山者，先将山上星辰，用得合法。山管人丁，故以山为先也。后定向者，向首一星，祸福之柄，水主财禄，故以向为后也。山向虽有先后之分，其用则一，故云不相放。细觅五行踪者，要在翻天倒地中细觅也。全龙者，向首是此一卦，来山亦是此一卦，气质清

纯，阴阳相配，此谓之全龙也。

［补义］先定来山，是将来山之龙，辨其合元与否，若不合元，而局后势美，不能割爱；又看向上卦气合运与否，若向上合元，则收向之气布之，舍首用趾，名曰"联珠"。盖向上五行踪迹，亦出富贵全龙者。来山向水，或坐水骑龙，一气清纯，定然有福无祸；若不清纯，恐非全龙，而祸福参差耳。

五行若然翻值向，百子千孙旺。

阴阳配合亦同论，富贵此中寻。

［蒋注］此节亦上二句言山上龙神，下二句言水里龙神。"五行翻值向"者，五行之旺气值向也。翻即翻天倒地之翻，言生旺气翻从向生入也。山管人丁，故云"百子千孙旺"，而富贵亦在其中矣。阴阳配合，水来配合也，亦与向上之气同论，但用法有殊耳。水管财禄，故云"富贵此中寻"，而子孙亦在其中矣。

［直解］"翻"即翻天倒地之翻，五行值向者，天元九气之旺星翻值向也。"阴阳配合"者，阳水阴山雌雄配合、元窍相通也。翻倒虽有山水之分，其用则一，故曰"亦同论"。此即山水阴阳颠倒颠之意。

［补义］此即上文"联珠不相放"之说，此局多是旺子孙，发财帛。若向之五行，果能媾合雌雄，亦与山同论，亦可于此中寻大富贵，毋轻谓其旺人财而止也。

东西父母三般卦，算值千金价。

二十四路出高官，绯紫入长安。

父母不是未为好，无官只富豪。

［蒋注］此节发明用卦之理，重卦体而轻爻，重父母而轻子息。盖同一生旺而力量悬殊也。言东西而南北在其中矣。《青囊》《天玉》之秘，只有三般卦诀，若二十四路不出三般卦之内，则贵显何疑？然卦内之爻当问其是卦之父母否，高官绯紫，必是父母之气，源大流长，所以贵耳。若非父母而但来爻神子息之旺，则得气浅薄，仅可富豪而已。

［直解］此阴彼阳，此东彼西，名无定名，位无定位，阴阳颠倒，

变化错综，方是真元空，真阴阳，真五行，真血脉，真龙神。若拘定呆法，硬派某干属阳，某干属阴，某山旺某元，某水旺某运者，真谛何曾梦见耶！○东西即颠倒，父母即阴阳，三般即颠倒颠。元空起父母之三般，此三般，总由日月往来、运行迁谢、父母阴阳，随时而在者也。

○体用各有阴阳父母。用有随机建极之父母，随时变易之阴阳；体有重卦轻爻，重父母而轻子息之趋避。杨公恐人误会，故又翻覆详辨之耳。

○"东西"即日往月来之东西，"三般"即日月东西、循环往来、颠倒颠、玄空起父母之三般。是起父母之三般，即一时一刻亦不离此三般也。盖一刻为一时之三般，一时为一日之三般，一日为一气之三般，一气为一岁之三般，一岁为一运之三般，一运为三元九运颠倒颠玄空起父母之三般，及百千万年为运会元化之三般卦者。运有运之卦，元有元之卦也。即一时一刻，各有专令主事之卦，此即一时一刻之三般。此卦周流六虚，不偏不倚，至公至平，无休无息，随时而运行迁谢者也。若以三合为三般，三吉为三般者，真谛何曾梦见耶。

[补义]"父母不是"，谓所下之卦不是父母，或兄弟，或子息。如一白之元下兑、坤二卦之类。但是兑、坤中爻力量尤重，若承人、地二卦，则更轻矣。盖父母力大，以左右有子息护卫，内气清纯不杂。若子息，恐杂他气，所以力量悬殊也。

父母排来看左右，向首卦休咎。

双山双向水零神，富贵永无贫。

若遇正神须败绝，五行当分别。

隔向一神仲子当，千万细推详。

[蒋注]此亦承上文，用卦须父母而言。"父母排来"，安排来山之龙脉也。来山屈曲，必不能尽属父母，兼看左右两爻子息若何，若子息清纯不杂，又须辨向首所受之气，逢生旺则休，逢衰败则咎。若双山双向卦气杂错，须得水之外气，悉属零神，克入相助，则双山双向为水神所制伏，而富贵可期矣。万一水路爻属正神，则生出克出两路皆空，而

败绝不能免矣。公位之说，乃因洛书八卦震、巽、坎、离，而定孟、仲、季三子之位，隔向一神，犹在离卦之内，故云"仲子"。《天玉》略露一斑，以为分房取验之矩矱，言仲而孟、季可类推矣。

［直解］山向乃穴之主脑，吉凶万端，从此而出；顺逆阴阳，从此而分。如用双山五行之山，双山五行之向，卦气已属两家，左右顺逆，仍属一气者无碍。水用零神，毫无夹杂，亦能发福。倘所坐所向之方，界乎半阴半阳之地，水神又在不零不正之间，如是欲谓之左非左，谓之右非右，谓之正非正，谓之零非零矣。山向水神，生出克出，败绝必不能免矣。双山双向，卦气既属不一，则九星从何气而分其阴阳，从何卦而别其顺逆乎！当分别者，谓当分坐山得何五行，向首得何五行，知坐山向首之五行，则某山吉，某山凶，某水合，某水不合，不辨而自明矣。所云隔向一神者，帝释是也。

○俗术分房之说，都以左为长，右为季，面前为仲。注云隔向一神，犹在离宫之内，盖指一时一气、一宫一向而言也。若时运变迁，斗转星移，则隔向一神亦随之而变易矣。隔向一神既随之变易，则孟仲亦随之而更换，断非左孟右季之呆法也可知矣。

［补义］双山双向者，如壬亥、丑癸山向之类，卦气错杂是也。水是零神，则杂卦亦可富贵悠久，水力更重故也。

若行公位看顺逆，接得方奇特。

官位若来见逆龙，男女失其踪。

［蒋注］亦承上文仲子一神，而概言公位之说。顺则生旺，逆则死绝。然不云生死而云顺逆者，若论山上龙神，则以生气为顺，死气为逆；若论水里龙神，则又以死气为顺，生气为逆故也。

［直解］公位，即孟仲委分房之说，顺逆即往来得失之属。"接得"云者，盖现在与将来相接也。现在与将来相接，方为奇特。如与过去已往相接，亦谓之逆。是又有半与将来相接，半与已往相接，亦谓之逆，是有失踪之患矣。注中以生气为顺，死气为逆，专指山上排龙而言。若论水里排龙，则又以生气为得，死气为失。颠之倒之，所谓水用逆，星

仍用顺，即同此意。

　　[补义]山上之生气，即水里之死气；水龙之生气，即山龙之死气。二者各有零正，各有顺逆。得其正者，房房均发；得其零者，男女失踪。世之停亲暴骨，陷人不孝，皆公位之说贻之也。其贻患于生民，岂浅鲜哉！上文"双山双向""凶星看在何公头"等句，但为杂卦言之耳。若向首一气清纯，自应百子千孙俱福矣，何祸之有？

更看父母下三吉，三般卦第一。

　　[蒋注]通篇皆明父母三般卦理，反复详尽。终篇复申言之，若曰千言万语，只有此一事而已，无复他说也，盖致其丁宁反复之意云。

　　[直解]三吉，即一元三吉。三般，即颠倒颠，玄空起父母之三般。习是术而不知此三般起父母之奥，一切说玄说妙，总属胡言。反覆丁宁，不过反覆详尽之意耳。

　　[补义]三吉，即父母与子息。然又有先天之吉，有后天之吉，合先天后天与本宫，亦名"三吉"。合先后二天与本宫之子息，共六位，亦曰"六秀"。

内传中

二十四山起八宫，贪巨武辅雄。

四边尽是逃亡穴，下后令人绝。

［蒋注］此节反言以见旨，兴起下文之意。言一行所作"小游年卦例"，以二十四山起八宫，而取贪、巨、武、辅为四吉，其说果是，则宜乎随手下穴皆吉地矣，何以"四边尽是逃亡穴，下后令人反败绝"？则知卦例不足信，而别有真机，如下文所云也。

［直解］八宫卦例，以八卦之阴阳分顺逆，并有以六十四卦，每卦分得八卦定吉凶者，亦非也。

○此节专论八宫卦例之非，恐人误认，故特辨之。

［补义］有一真义，便有一假说以乱之，件件皆然，固不但贪、巨、武、辅也。

惟有挨星最为贵，泄漏天机秘。

天机若然安在内，家活当富贵。

天机若然安在外，家活必退败。

五行配出九星名，天下任横行。

［蒋注］紧接上文，卦例既不可用，惟有挨星、元空大五行，乃为阴阳之最贵者。天机秘密不可流传于世，但可偶一泄漏而已。安在内，不出三般卦之内也；安在外，出三般卦之外也。出卦不出卦，祸福迥别，安得不贵耶？夫挨星五行，非如游年卦例，但取四吉而已。盖八卦五行配出九星，上应斗杓，知九星之作用，便可横行天下，无不响应矣。卦例云乎哉！

［直解］法将得时得令之星，安合时合局之水，谓之安在内，自有富贵之应。若令星不得其所，谓之安在外，自有退败之患。在山在水，

一同论也。五星配出九星，即八卦配出九宫，九宫分作三元，如此推度，行乎天下，无不响应。执定卦例之说者，宜细推之，方知此是彼非。所云最贵者，谓法之最贵也。得传之后，切不可浪泄天机，轻示非人，以招造物之忌也。是法始于晋，盛于唐，自五代及宋元，注书立说者数千百家，诸法杂出，以伪乱真，纷纷聚讼，龙蛇莫辨。于是有心者无所依归，求食者藉为凭信，如是则伪者日益盛，真者日益失矣。

[补义] 三般卦之挨星，只以元运为主，九星亦以值元之星为吉。天机安在内、安在外，谓山脉来水都在三般卦之内，清纯不杂则吉。一有间杂，出卦之外，即名空位，最凶。此水龙安内安外之旨也。若山龙天机，安在内主男贵，安在外主女贵。水龙之诀微而显，山龙之诀显而微，知其解者，掌握造化矣。

干维乾艮巽坤壬，阳顺星辰轮。

支辰坎震离兑癸，阴卦逆行取。

分定阴阳归两路，顺逆推排去。

知生知死亦知贫，留以教儿孙。

[蒋注] 此节分出元空大卦干支定位，以足前篇父母子息之义。四维之卦，以天干为主者也，干维曰阳；四正之卦，以地支为主者也，地支曰阴。此阴阳，非交媾之阴阳也。知卦之所主，则父母子息不问而自明矣。其阴阳两路，每一卦中皆有阴阳两路可分，非将八卦分为两路，何者属阴，何者属阳也。其顺逆推排，即阴阳两路分定之法，非乾、艮、巽、坤为阳顺，坎、震、离、兑为阴逆，若如此分轮则皆顺也，何云逆乎？至于四卦之末，各缀一字，曰壬曰癸，此又挨星秘中之秘，可以心传，而不可以显言者也。

[直解] 四维之卦，以乾坤艮巽为主；四正之卦，以子午卯酉为主。知卦之所主，即知卦之父母子息矣。知此，即知何者属阳，何者属阴，空中分阴阳、定五行、辨顺逆之法得矣。所言壬癸是随时而在之壬癸，非方位干支之壬癸，即在在之壬癸。亦有阴阳两路可分，当细细揣之，自得在气不在方之诀矣。

〇乾坤艮巽子午卯酉，皆卦之中气；卦之中气为父母，偏旁两爻为子息。

[补义] 四卦之末，各缀一字，蒋云"不容显言"，细阅之，篇中已显言之矣。下文第六节不云乎？"甲庚丙壬俱属阳，顺推五行详；乙辛丁癸俱属阴，逆推论五行"。艮、巽阳缀一壬字，则甲、庚、丙可知矣；坎、震阴缀一癸字，则乙、辛、丁可知矣。然阳支尚有寅、申、巳、亥，阴支尚有丑、未、戌、辰，当连及之者。

天地父母三般卦，时师未曾话。

元空大卦神仙说，本是此经诀。

不识宗支俱乱转，开口莫胡言。

若还不信此经文，但覆古人坟。

[蒋注] 曰天地，曰东西，曰父母，曰元空，曰挨星，名异而实同。若于字义屑屑分疏，则支离矣。此节盖恐学者得传之后，以为太易而轻忽之，故极言赞美，以郑重其词，非别有他义也。说到覆古人坟，是征信实于古，以传之将来，可信其一毫之无误，深许心契古人，而可以告无罪于万世也。

[直解] 天地即干支父母，是变易干支之父母，三般即一四七、二五八、震乾离之三般。宗支者，起父母之宗支也。起父母之宗支，若不从此三般，便是伪法。然此三般卦诀，秘密深藏，贵在心传，难以言显。杨公说但覆古人坟，盖验之已往，即可证之将来，深信其一毫无讹耳。

[补义] 不识宗支，开口妄言，用以赠天下之妄注《青囊》、妄解《天玉》者。注《青囊》，解《天玉》，诚非易易。余按此注，颇识宗支，免于妄言，诚哉！自许心契古人而不得已耳。

分却东西两个卦，会者传天下。

学取仙人经一宗，切莫乱谈空。

五行山下问来由，入首便知踪。

[蒋注] 此亦丁宁告戒之意，而归重于入首。盖入首一节，初年立应，不可不慎。

[直解] 分者，即分运行不息之气也。运行不息之气，盖以来者为东，往者为西；阳者为东，阴者为西；动者为东，静者为息，非世俗以坎离震兑分东西也，又非以十二支左兼右兼水法之左到右到分东西也。两个是言随时而在之阴阳也，苟能分得在在之阴阳，则知此阴彼阳、此东彼西之两个矣。晓得此两个定卦分星之奥，下卦起星之诀略见一斑矣。

[补义] 入首是此卦，山向亦是此卦。或为大卦之父母，或为大卦之子息，的知真踪，俱有妙用，不必谓子息稍弱而强下父母，致失天机秘妙也。

分定子孙十二位，灾祸相连值。

千灾万祸少人知，克者论宗支。

[蒋注] 此节直说时师误认子孙之害。盖子孙自卦中分出，位位不同，岂如俗师干从支、支从干，二十四路止作十二位论？若如此论法，必致葬者灾祸相连值矣。既遭灾祸，而俗师终不知所以灾祸之故，胡猜乱猜，或云干凶，或云支凶，总非真消息也。夫灾祸之发，乃龙气受克所致；而龙气之受克，实不在干支，盖有为干支之宗者也，所谓父母是也。知其宗之受克，则知干支亦随之而受克，所以不免灾祸耳。深言十二位分子孙之说之谬如此。

[直解] 当世所用双山五行之法，呆将二十四山分作十二位，论阴阳，辨顺逆，总由不知颠倒颠、玄空起父母之宗支也。玄空起父母之宗支，二十四山，阴阳不一，颠倒无定，随气运行，随时变易者，乃是真玄空，真阴阳，真五行也。若拘呆法，硬以某干属阳，某干属阴者，断非知音之辈也。

[补义]《天玉》诸卷，克字多作死字解释，不曰生死，但曰生克。

五行位中出一位，仔细秘中记。

假若来龙骨不真，从此误千人。

［蒋注］此节又详言出卦不出卦之密旨。盖同一卦位，而有卦内卦外之不同。若在卦内，则似出而非出；若在卦外，则真出矣。此中有秘，当密密记之，在卦内则龙骨真，在卦外则龙骨不真矣。

［直解］地卦不出，天卦不合，即谓卦外。地卦出而天卦不出，是谓卦内。卦内云者，在天心生旺之卦内也。出一位，即巳丙亥壬申庚寅甲之出一位。晓得出一位之真诀，随手拈来，无非妙用。所谓不真者，非龙脉石骨水口种种之不真，是挨星诀之真不真也。如不得真诀所谓，岂止千人而已哉！○细按此节，则知拘拘于一卦清纯者非也。即双山三合，不论水法之出与不出，惟用长生冠带排着吉者则吉，凶者则凶，亦非也。

［补义］五行位中出一位，知其用者尚可收入；若来龙骨不真，局虽清亦宜弃去，断不可用。若勉强用之，误人多矣。

一个排来千百个，莫把星辰错。
龙要合向向合水，水合三吉位。
合禄合马合官星，本卦生旺寻。
合凶合吉合祥瑞，何法能趋避？
但看太岁是何神，立地见分明。
成败定断何公位，三合年中是。

［蒋注］一个排来变化不一，故有千百个也。龙向水相合，前篇已尽。禄马官星在本卦，生旺则应，不然不应，此见生旺为重，而官星禄马在所轻矣。

［直解］合百为一，散而为九，纵横颠倒，流转星，辰变易不一，阴阳无定，千百个者，甚言阴阳之千变无穷也。星辰错，非为合官合贵之错，正言不合生旺之错。龙向水都合生旺，再合之以官贵，自然应验。倘不合生旺，空堆禄马贵人，有何益哉！所言太岁三合，总论错不错之应验也。

［补义］"但看太岁是何神，立地见分明"。在一年则以太岁为主，在一纪则以令星为尊。合太岁则凶星可变为吉，不合令星则吉星亦变为

凶。禄马、官贵诸神，总从太岁为禄福。贪、巨、禄、文诸星，皆由令星卦定吉凶也。或曰：本文言太岁，不言令星，盖太岁即指当权秉令之星，篇内不明言，其秘密深矣。

排星仔细看五行，看自何卦生。

来山八卦不知踪，八卦九星空。

顺逆排来各不同，天卦在玄空。

[蒋注] 五行总在何卦中生，不在干支中定，所谓父母子息也。不知八卦踪迹从何而来，则九星无处排矣。盖星卦之顺逆，各有不同，即此一卦入用，或当顺推，或当逆排，有一定之气，而无一定之所，所谓"天下诸书对不同"也。要而言之，则"元空"二字尽之矣。

[直解] "何卦生"，盖言何元之生旺，何运之主张。五行者，天心流转之五行也。天心流转之机，总在何卦之所主，何卦之气生，仔细查准，然后分阴阳，定五行，则知何山当顺推五行，何山当逆挨九星。若不知何卦所生，何卦所主之踪迹，八卦九星岂非空有耶！即此一卦，用于此处当顺，用于彼处当逆，用于此时当顺，用于彼时当逆，此乃天卦在中之所使也。

[补义] 大卦之中，以空为主；九星之空，以生为用。气是活动的，捉得气住，方排得星定，应顺应逆，自有一定之用也。

甲庚丙壬俱属阳，顺推五行详。

乙辛丁癸俱属阴，逆推论五行。

阴阳顺逆不同途，须向此中求。

九星双起雌雄异，元空真妙处。

[蒋注] 此略举干神卦气之例，阳四干则顺推八卦，阴四干则逆推八卦。一顺一逆，虽不同途，而此中有一定之卦气，可深求而得者。至其每卦之中，皆有一雌一雄双双起之法，乃阴阳交媾元空妙处也。又不止一卦有一卦之用而已，举八干而支神之法亦在其中矣。

[直解] 所言甲庚，是来何地、落何宫、随气变易之甲庚，非东甲

西庚之方位。如拘于东西甲庚之方位，则二十四山宜有一定，何来有时占阳有进唤阴之更变耶！读者切莫误认。

○上三节，总是空中分阴阳、定五行之法。

［补义］合看《曾序》"二十四山分顺逆"节、《奥语》"坤壬乙"节、"二十四山分五行"节、《天玉》"干维乾""艮巽坤"二节并此，挨星之大旨了然矣。一山双用，顺逆之授受由天，向首之起星由水。能知此窍，山中以承天，即山山珠宝也；不知此窍，则山山出失运，即山山火坑也。秘诀不出文字外，当潜心深悟可也。

东西二卦真奇异，须知本向水。

本向本水四神奇，代代着绯衣。

［蒋注］此节又重言向水各一卦气，兼收生旺之妙。向上有两神，水上有两神，故曰"四神"。

［直解］二卦者，山有山之卦气，水有水之卦气；山有山之用法，水有水之用法也。本向本水者，水得本元之水，向得本元水向也。向上有两神，水上有两神，此谓四神。此四神当在阴阳交会上推算，不在别处也。水得本元之水，自无上山之患；山得本元之山，自无下水之病矣。

［补义］一元龙力，而四吉之山继收，四吉之水齐会，可称莫大之局。然本向本水四神之局亦不小。

水流出卦有何全，一代作官员。

一折一代为官禄，二折二代福。

三折父母共长流，马上锦衣游。

马上斩头水出卦，一代为官罢。

直山直水去无翻，场务小官班。

［蒋注］水不出卦，须折折在父母宫里。若折出本宫，虽曲折而后代不发矣。"马上斩头"，即一折父母便流出卦，如斩头而去也。本卦水爻，以曲折为贵，乃许世代高官。若止直流，虽然本卦，而官职卑矣。

［直解］此节专言曲水之吉凶。水有一两曲者，有八九曲者。《经》云："水曲则气动，水折则气活"，水法虽以曲为吉，然曲多则易犯出卦，必须曲曲折折，都在一气之内，一宫之间，方为上吉。"锦衣"云者，甚言曲而不出之吉也。如一曲一折，便属零正混淆，阴阳夹杂，即为出卦。亦有近水清纯，远水离乱者；亦有远水清纯，而近水错杂者，亦谓之出卦，自有一代之应验也。所谓场务小官者，是言直来直去之应验也。

［补义］天地人三卦，一势八位。八卦管二十四山向，须要山是卦内之山，水是卦内之水，认得处处合何卦，处处不出何卦，乃下此一卦以收之。又要认得处处不出卦，只有那一处一爻出卦，又用前兼后之法以收之。然既用兼以收之，尚有出卦之处，则断定其家必有灾祸，以对冲三合之年之命以应之。水流一折，受一代为官，二折坐二代，折愈多，则代亦多，总以不出卦为福，以出卦为祸。一折即出卦名斩头，至二折三折出卦则为祸稍轻，然为福终薄也。水不直来，有曲，总在本卦，主正途科甲。一曲一折，为一代官；二折三折，应二代三代；至五六八九折，则簪缨世代矣。水若横而不曲，虽为官，亦非正途取功名。直山直水，形家所忌，以其似木直冲；尖山尖水亦忌，以其似火尖利，故惟取乎方圆平正。

内传下

乾山乾向水流乾，乾峰出状元。
卯山卯向迎源水，骤富石崇比。
午山午向午来堂，大将镇边疆。
坤山坤向水流坤，富贵永无休。

〔蒋注〕此明元空大卦向水兼收之法，举四山以例其余，皆卦内之清纯者也。乾宫卦内之水，乾宫卦内之山，作乾宫卦内之向，则龙、向、水三者俱归生旺矣，非回龙顾祖之说也。或云状元，或云大将，或云骤富，亦错举以见意，不可拘执。

〔直解〕乾山者，乾运卦内之山也。乾向者，乾运卦内之向也。乾水乾峰者，水亦乾运卦内之水，峰亦乾运卦内之峰也。然非坐水之说，其诀可以一语破者，向上水上之星，即山上之星也。

〔补义〕乾为天，为首，在八卦又为第一，"大哉乾元"，《周易》班班可考也。局内得乾气之山，乾卦之向，乾卦之水，乾卦之峰，其出状元，断断不移也。此局或午脉乾向，乾脉午向，艮水见甲峰起，或甲水见艮峰起，通先后天，寻纳甲，验诸古坟，历历不爽者，又见于甲、巽、辛，亦多发元。甲为天干之首，子为地支之首，巽为文峰，辛为文库故也。卯、坤土，巨富贵显，以卯为日出之门，先天在天市之选；坤有载物之义，后天居巽顺之宫也。午主将军，以火炎之性，在后天禀离日之精，在先天裹乾金之体，合日精、乾金、离火、雷威而威性，非将军之威武，不足以当之。外此有"巽山巽向，男尚官主，女作后妃；艮水艮峰，忠良时起，仙圣来育；子山子水，性情放纵，儒雅风流；酉龙酉山，才品俊伟，文武无双"四局，未详，宜补入之。

辨得阴阳两路行，五星要分明。

泥鳅浪里跳龙门，渤海便翻身。

［蒋注］"阴阳两路"，上文屡见，此重言以申明之耳。下句言变化之易。

［直解］"辨"，即辨玄空变易之阴阳，辨清玄空变易之阴阳，自晓顺逆阴阳之两路矣。既识两路，再辨山上水里之宜忌，气运消长之得失，阳水阴山之配合，兼贪兼辅之得宜，自能一葬便兴，鱼龙变化于顷刻间也。

［补义］"泥鳅浪里跳龙门，渤海便翻身"，极言乘时变化之神速也。

依得四神为第一，官职无休息。

穴上八卦要知情，穴内要装清。

［蒋注］前篇"本向本水四神奇"是始置来龙，而但重向、水。此节"穴上八卦要知情"，又从穴上逆推到来龙，以补四神之不及。穴上是龙，穴内即向也。

［直解］依者，承上文而言也。上文专言向水上之四神，此节兼山向水而言也。穴中指山，穴内言水，山上水里，各有两神，故曰"四神"。此四神，先要晓得何山得何五行，何水得何五行，细细装清，方知山上得何两神，向首得何两神，水里得何两神，如是可得四神之捷诀矣。

要求富贵三般卦，出卦家贫乏。

寅申巳亥水来长，五行向中藏。

辰戌丑未叩金龙，动得永不穷。

若还借库富还贫，自库乐长春。

［蒋注］前篇甲、庚、丙、壬一节，是四正之卦；此节又补四隅之卦。观此，则"支水去来凶"之言，当活看，不可死看矣。辰、戌、丑、未，虽俗云四库，元空不重墓库之说。"借库"，出卦也；"自库"，不出卦也。是重在出卦不出卦，不重在墓库也。

［直解］寅申巳亥、辰戌丑未，俱属四维之交神，论卦本属一气，即大五行亦同一体。"向中藏"者，是言水里龙神得与失也。得为动，

又谓自库；不得即谓出卦，又谓借库。借库自库，不问水之去来，总要得五行生旺之气，不必拘于库与不库也。

○时师一见水来，便云立某向收某方水来为长生水到堂，左水到右者，当立阳向；如右水到左者，当立阴向。长生官旺方水宜来，衰病死绝方水宜去，去处必须辰戌丑未方，便为归库，九州一例，中外皆然，深可痛哉！

［补义］辰、戌、丑、未是甲、庚、丙、壬之库，乙、辛、丁、癸是寅、申、巳、亥之库，乾、坤、艮、巽是子、午、卯、酉之库，借库不归其位，谓之"借库"，以其出本卦，故应"富还贫"。

大都星起何方是，五行长生旺。

火筛相对起高冈，职位在学堂。

捍门官国华表起，山水亦同例。

水秀峰奇出大官，四位一般看。

［蒋注］此节言水上星辰即山上星辰，只要得生旺之气，在山在水一同论也。

［直解］此节言山上水里，左右功曹，龙虎案托，捍门华表，贵得生旺之气，在山在水，一同论也。

坎离水火中天过，龙墀移帝座。

宝盖凤阁四维朝，宝殿登龙楼。

罡劫吊煞休犯着，四墓多销铄。

金枝玉叶四孟装，金箱玉印藏。

蒋曰："坎离水火"一句，乃一章之所重。其余星宿，总是得生旺则加之美名，逢死绝则称之恶曜。名非有之，星随气变者也。

［直解］中天过，移帝坐，即"江南龙来江北望"之意。其余星宿，名非有定，星随气变者也。

［补义］罡是零神之气，劫是邻宫气，吊是三方虚拱之气。三者俱谓之煞，俱不可犯。俗因四墓名指作辰、戌、丑、未四金煞者，误也。蒋氏

得生旺等句，将三代以下地书，吉神、恶曜，创名立姓，一总评尽。

　　帝释一神定县府，紫微同玄武。

　　倒排父母养龙神，富贵万余春。

　　[蒋注] 帝释，丙也；玄武，壬也；紫微，亥也。帝释，神之最尊，故以县府名之。其实，阴阳二宅得之，贵之极矣，然其妙用在乎倒排，非正用也。

　　[直解] 注云最尊最贵，不在乎帝释，而贵在紫微与八武同到也。然其妙用，在乎倒排，非正排也。所云倒排，即颠倒颠之倒排，非左到右到之倒排也。

　　[补义] 壬丙山向，天下县府不知凡几，即南北二京宫殿亦然。本属贵格，而板守三般者，以地元龙狭少之，且庚墓是戌甲墓是辰，四库正天帝之所在，果得真局，贵莫大焉，特虽为不知局者道耳。

　　识得父母三般卦，便是真神路。

　　北斗七星去打劫，离宫要相合。

　　[蒋注] 上二句引起下文之义，言识得三卦父母，便是真神路矣。犹须晓得北斗七星打劫之法，则三般卦之精髓方得，而最上一层之作用也。北斗云何？知离宫之相合，即知北斗之义矣。

　　[直解] 父母是经四位之父母，三般是坎至巽、巽至兑、兑至坎，颠倒颠之三般。知此颠倒颠，玄空起父母之三般，便是大玄空之神路矣。"北斗"者，随时立极之气也。随时立极之气，日往月来，星移斗转，纵横颠倒，总由此而使然也。"七星"者，由现在而逆推到第七也。此处五行，正与立极之气相反，最易发祸。"要相合"者，要使发祸者变而为发福，相反者转而为相合也。

　　[补义] 北斗者，天上北斗，主司元气，化育万物者也。故斗柄指东，天下皆春，斗柄指西，天下皆秋，一生一杀，万事万物，皆随斗柄为转移。打劫者，劫取其气也。惟离宫相合，则能打劫矣；不相合，则不能打劫也。如上元一白司令，二黑即发，然二黑尚属上元，而下元之七赤亦旺；三碧司令，而下元之八白、九紫总旺，故二黑、七赤与一

白，离宫也，相合也，而二可劫一，七可劫一矣。八白、九紫与三碧，离宫也；相合而八可劫三，九可劫三矣。是盖一元而收两元龙力之用，尤属秘中之秘，妙中之妙，最上一层之作用也。此一诀也，又曰：上元一白司令，左近乎丑，右邻乎亥，阴阳二宅，壬、亥、癸、丑，在上元而发丁财贵显，在下元而发丁寿科名者，何可胜数？盖天地生成有杂局，舍之则造化之工诚足婉惜，用之则气杂力轻。《奥语》云"在人仔细辨天心"者，当细细请求。如交横是杂，发脉是杂，水到是杂，砂应是杂，不得不迁就杂插，以合造化生成一定不移之妙也。是亦一元而收两元龙力之用，此爻打劫之诀，离宫相合之诀也。必尽此二诀，而打劫之义方得。打劫之义既得，而此道之秘亦尽矣。若夫作用之善，全在人力，用浮沈吞吐之法，一收一放，劫取真元，是又在高人意会，而未可以显言者也。

　　子午卯酉四龙冈，作祖人财旺。

　　水长百里佐君王，水短便遭伤。

　　[蒋注] 取子、午、卯、酉，以其父母气旺也。言四正，则四维可以例推矣。水短遭伤，以其出卦之故也。

　　[直解] 四正之卦，以地支为主；四隅之卦，以乾坤艮巽为主。山水二龙，均以此为父母也。

　　○此节专辨山水二龙、干支卦位之父母子息，以辨力量之轻重也。

　　[补义] 龙脉水气，俱喜长远。帝王墓穴，龙神五百里，若然百里作王公。

　　识得阴阳两路行，富贵达京城。

　　不识阴阳两路行，万丈火坑深。

　　[蒋注] 即颠倒之意，皆上文所已言而永叹之。

　　[直解] 此识得二字，明明对习术者而言也。识得即识随时而在之阴阳，晓得随在之阴阳，阴阳二宅，自能得心应手，名并管郭，流传千古也。倘不识此诀，胡行乱作，火坑之深浅，岂可穷其丈尺也哉！

　　[补义] 阴是一路，阳是一路，本是截然两路。若真识得此两路，

于扦穴时收入阳一路，放出阴一路，或顺受其正，或逆报其情，颠之倒之，神化无方矣。斯道也，呼吸之间，与鬼神合。

前兼龙神前兼向，联珠莫相放。

后兼龙神后兼向，排定阴阳算。

明得零神与正神，指日入青云。

不识零神与正神，代代绝除根。

[蒋注]龙神向首，皆有兼前兼后之法。兼者，父母兼子息，子息兼父母，此即零神正神之气。

[直解]前兼后兼，即顾前顾后之意。前兼者，向上排龙也。向上既得生旺，排到来山，又生来山之生旺，此谓之前兼。后兼者，山上排龙也。山上既得生旺，排到向首，又生向首之生旺，此谓之后兼。前与后，零与正，阴与阳，总要排定何处得零，何处得正，分别阴阳前后，推算得失也。

[补义]零正兼排，总在阴阳两路。

倒排父母是真龙，子息达天听。

顺排父母到子息，代代人财退。

[蒋注]父母子息，皆须倒排，而不用顺排。如旺气在坎癸，倒排则不用坎癸，而得真生旺；顺排则真用坎癸，而反得煞气矣。似是而非，毫厘千里。元空大卦，千言万语，惟在于此。

[直解]注云"旺气在坎癸，倒排则不用坎癸，而得真旺气"者，读者须从廉武上去推求，"顺排则真用坎癸，而反得其杀气"者，五六不知到何卦位耳。

一龙宫中水便行，子息受艰辛。

四三二一龙逆去，四子均荣贵。

龙行位远主离乡，四位发经商

[蒋注]此节又申言本卦水须折折相顾。若一折之后，便出本卦，虽然得发，不久艰辛矣。若三节四折，皆在本卦，乃二子齐发也。位远

即出卦，一出卦，即主离乡。若一出之后，又还归本卦，反主经商得财而归，其应验不爽如此。

［直解］"一龙"者，一节水也。一节之后，便流出卦，子孙虽发，必受艰辛。"四三二一龙逆去"者，巽震坤坎，逆流而去也。位远离乡，言近水既流出卦，略远又还归本卦，儿孙自有此应。

时师不识挨星学，只作天心摸。
东边财谷引归西，北到南方推。
真龙终日卧山中，何尝不易逢？
止是自家眼不的，乱把山冈觅。

［蒋注］"东边财谷"二句，即"江南龙来江北望"之义，元空妙诀也。叹息世人不知真传，胡行乱走，惜哉！

［直解］"东引西归"，"北到南推"，二语真《青囊》之秘，《天玉》诸书之奥矣。老龙者，是玄空运行之龙也。玄空运行之龙，自有玄空寻觅之法，反从山冈上去寻觅，何异刻舟求剑耶！

世人不知天机秘，泄破有何益？
汝今传得地中仙，元空妙难言。
翻天倒地更玄玄，大卦不易传。
更有收山出煞诀，亦兼为汝说。
相逢大地能几人，个个是知心。
若还求地不种德，隐口深藏舌。

［蒋注］篇终叙述授受之意，深戒曾公安之善宝之也。结语归重于种德。今之得传者，不慎择人，轻泄浪示，恐虽得吉地，不能实受其福矣；而泄天宝者，重违先师之戒，其不干造物之怒而自取祸咎者几稀矣。

［直解］此法，造物之所忌，先师之所秘，恐人轻泄，故于篇终，特又叮咛教戒备之耳。稳口稳口，无取灾祸。

［补义］蒋注挨星，多是山运收山、水运收水之说，此篇结尾收大卦，不易传之。下即云"更有收山出煞诀，亦兼为汝说"，细玩"更有"

"亦兼"四字语意，可知收山出煞，是不止两运收放之法明矣。说此九星挨法，即邱公《海角经》，亦不过曰"但持向中装本卦，便知流水吉和凶"，亦以九星挨流水，不以九星挨山峰。《海角》又云："要知此法由来处，坐地番天面向天"，此以七星挨山峰，不以挨流水。合览之，而杨曾之心传可见矣。盖水里有水里之五行，山上有山上之五行，用法不同；《曾序》"不上山，不下水"，已先下注脚。即上、下、中篇归重天星，亦是此意。夫山水是天地间两大神器也，山之低处是水，水之高处是山，五岳四渎，并应封祀，故百川会海。流水之吉凶，既以九星之运行之矣；万山宗岳，高山之出云降雨、障川回澜，讵得曰漫无祸福乎？"更有收山出煞法"，岂欺我哉！岂欺我哉！

地理辨正直解卷之四

都天宝照经

上篇

杨公妙诀不多言，实实作家传。
人生祸福由天定，贤达能安命。
贫贱安坟富贵兴，全凭龙穴真。
龙在山中不出山，挂在大山间。
若是沙曲星辰正，收得阳神定。
断然一葬便兴隆，父发子传荣。

［蒋注］此一节，专论深山出脉，老龙干气，生出嫩支之穴。

［直解］此节论深山老龙干气，专取嫩枝之法，谓既得嫩枝，再求真穴情形，再看主山端正，峰峦秀美，神气充足，砂水朝归，再兼用法处处得宜，自有一葬便兴之应。"龙在山中不出山，挂在大山间"者，此言老干抽出嫩枝之情状也。

好龙脱劫出平洋，百十里来长。
离祖离宗星辰出，此是真龙骨。
前途节节出儿孙，文武脉中分。

直见大溪方住手，诸山皆不走。
个个回头向穴前，城郭要周完。
水口乱石堆水中，此地出豪雄。
若得远来龙脱劫，发福无休歇。
穴见阳神三折朝，此地出官僚。
不问三男并五子，富贵房房起。
津湖溪涧同此看，衣禄荣华断。
大水大河齐到处，千里来龙住。
水口罗星锁住门，似大将屯军。
落头定有一星形，非火土即金。
正脉落平三五里，见水方能止。
二水相交不用砂，只要石如麻。
更看硖石高山锁，密密来包裹。
此是军州大地形，细说与君听。

[蒋注] 此一节，专言大干传变，行龙尽结之穴，谓之"脱劫龙"，又名"出洋龙"。虽云城郭要周完，总之，城郭都在龙身上见，不必于穴上见。盖龙到脱劫出洋，虽众山拥卫而行，前数节群支翼张，羽仪簇簇，至干几经脱卸之后，近身数节将结穴时，龙之踪愈变，而龙之机势愈疾，此非左右二砂所能几及，往往龙只单行，譬之大将，匹马单刀所向无前，一时偏裨小校都追从不及，所以有不用砂之说也。

高山不甚重水，独此等龙穴以水为证者，何也？山刚水柔，水随山之行以为行，山不随水之止以为止。而云"直见大溪方住手"者，非谓山脉遇水而止也。正因山脉行时，水不得不与之俱行；则山脉息时，水不得不与之俱息。故干龙大尽之地，自然两水交环，有似乎千里来龙，遇水而止也。

既云"不用砂"，而又云"密密包裹"者，何也？夫结穴之处，虽不取必于两砂齐抱，要之，真龙憩息之际，定不孤行，外缠夹辅，隐隐相从；水口星辰，有时出现；大为硖石，小为罗星；近在数里，远之二三十里，皆不可拘。前所谓"砂"，指本身龙虎而言；后所谓"锁"，指外护捍门而言也。只要"石如麻"，则不止谓"水口"而已，正言本身结穴之地。

盖干龙剥换数十节，其渡水崩洪，穿田过硖，不止一处；若非石骨龙行，何以见真龙结体？今人平地墩阜，误认来龙，指为大地，正坐此弊也。凡去山数里，即有高阜，或由人工，或出天造，既无真脉相连，又不见石骨棱起，总不谓之"龙穴"。所以落平之龙，重起星辰，必要"石如麻"也。有石脉，乃为真龙；有石穴，乃为真穴。

山龙五星皆结穴，其云"落头一星"，独取火、土、金者，大约近祖支龙，宛蜒而下，都结水木；出洋干结，踊跃而起，都作火、土、金。虽不可尽拘，而大体有如是者。

前章"一葬便兴""父发子荣"，是言山中支结，龙稚而局窄，往往易发。此章言"发福无休歇""五子房房起"，是言出洋大尽，龙老而局宽，往往迟发而久长，意在言表也。

［姜注］前章言山谷初落之穴，此言出洋尽结之穴，山龙之法虽不尽于此，而大略已备于此矣。

［直解］上节言老龙干结，此节言出洋尽结。大凡龙气落平，穿江渡河，脱卸净尽，再起星峰者，谓之"脱劫"，又名"出洋"，气势踊跃，千变无穷，难于言状，只可言其大概情形耳。

天下军州总住空，何曾撑着后头龙？

只向水神朝处取，莫说后无主。

立穴动静中间求，须看龙到头。

［蒋注］此节以下，皆发明平洋龙格，与山龙无涉矣。杨公唐末人，唐之言军州，犹今之言郡县也。盖以军州为证，见城邑乡村，人家墓宅，凡落平洋，并不论后龙来脉，但取水神朝绕，便为真龙憩息之乡。

夫地，静物也；水，动物也。水之所止，即是地脉所钟。一动一静之间，阴阳交媾，雌雄牝牡，化育万物之源。所谓"玄窍相通"，即丹家"玄关一窍"也。此便是龙之到头，非舍阴阳交会之所，而别寻龙之到头也。识得此窍，则知平洋真龙诀法，而杨公《宝照》之秘旨尽矣。①

［直解］动静二字，其说有三：一、山形水势有阴阳动静之分。一、干支卦位有阴阳动静之分。一、天主动，地主静，天地有阴阳动静之分。天主动，即其至动之中，亦有四时往来，阴阳动静之分；地主静，即其至静之中，亦有起伏行止，阴阳动静之分。天以静而生，地以动而成。晓得至动之中有静，至静之中有动，看龙到头之法过半矣，立穴之法亦过半矣。

所云"到头"者，非山之到头，又非水之到头，正谓玄空生旺到水，谓之"到头"也。此"到头"二字，乃空龙之妙诀，当默然识之，其随时变易、颠倒无定者，谓之"动"；止蓄团聚、干支纯粹，谓之"静"。静者安定于下，动者流行于上；观其静与动，气与质相配相德之处，便是"到头"。②

杨公妙诀无多说，因见黄公心性拙。
全凭掌上起星辰，类聚装成为妙诀。
大山唤作破军星，五星所聚脉难分。
但看出身一路脉，到头要分水土金。
又从分水脉脊处，便把罗经照出路。
节节同行过峡真，前去必定有好处。
子字出脉子字寻，莫教差错丑与壬。
若之阳差与阴错，劝君不必费心寻。

［蒋注］自此章以下，皆杨公平洋秘诀，字字血脉，而又字字隐迹，非真得口传天机秘诀者，未许执语言文字、方寸罗经，而妄谈二十四山、八卦九星之理也。苟得口传心受，则愚夫孺子皆可悟。杨公心诀，不得口传心受，纵智过于人，读破万卷，何能道只字耶？此书乃杨公当

---

① 原注：看龙到头有口诀。
② 注云：另有口诀，大略如是。

日装成掌诀，传与黄居士妙应者。

"大山唤作破军星"，言水法涣散迷茫之处，五星混杂，出脉未见分明，概名之曰"破军"，而不入龙格。只取龙神一路出身之脉，其脉又分水、土、金三星，合贪、巨、武为吉，而余星皆所不取。此三星者，乃形局之星，非卦爻方位之贪、巨、武也，学者切莫误认。自分水脉脊以下，乃属方位理气矣，故云"便把罗经照出路"也。盖看得水神龙脉，既合三吉星格，其地似可取裁，乃将指南针辨其方位，以定卦之合不合也。合卦则用之，不合卦仍未可用也。节节同行，卦无偏杂，乃许其为过脉峡真，而知前去定有好穴。不然，则行龙先见驳杂，到头何处剪裁？

"子"字以下，乃直指看龙诀法，而举坎卦一卦为例。若出脉是"子"字，须行龙只在"子"字一宫之内，乃为卦气清纯。如偏于左而癸与丑杂，是子、癸一卦，而"丑"字又犯一卦也。如偏于右而壬与亥杂，是壬、子一卦，而"亥"字又犯一卦也。此为卦中之阳差阴错，非全美之龙，故云"不必费心寻"也。

［直解］水法涣散之处，五星混杂，卦爻错乱，最难分辨。只要贴身小水，引动龙神，有干流万派，都归此小水之情状者，即是"出身一路脉"也。此水之星体情形、方位干支、曲直动静，须辨合与不合，星体合吉则用之，不合则不必用之。所谓"子字出脉子字寻"，总言看龙之法，理气之要，稍有不合，即是阴差阳错之龙矣。

子癸午丁天元宫，卯乙酉辛一路同。

若有山水一同到，半穴乾坤艮巽宫。

取得辅星成五吉，山中有此是真龙。

［蒋注］此承上节罗经照过峡，详言方位理气，即《天玉》玄空大卦之作用也。其法分子、午、卯、酉为天元宫，寅、申、巳、亥为人元宫，辰、戌、丑、未为地元宫，隐然天元之妙理，引而不发，欲使学者得诀方悟，其敢妄泄天秘，犯造物之忌哉！

此取四仲之支为天元宫者，非此四支皆属天元，乃谓此四支之中有天元者存也。而其本文又不正言子午卯酉、乙辛丁癸，必错举子癸、午丁、卯酉、乙辛者，此其立言之法，已备出脉、审峡、定卦、分星之密旨。观"一路同"三字，同中微异，须加剖别，已在言外。下文乃全露其机，云此八宫同到，"半穴乾坤艮巽宫"矣。

一同到，非谓此八宫一同到也，亦非谓八宫之山与八宫之水一同到也，谓此四支中，任举一支，与此四干中一干，比肩同到，即杂乾坤艮巽之气矣。盖子午卯酉本是四正之龙，而与八支同到，即有一半四隅之龙，不可不辨。辨之不清，则欲取天元而非纯乎天元矣。

末二句辅星五吉，指天元宫最清者言。盖天元龙虽包诸卦，而九星止有三吉，恐日久发泄太尽，末肩衰微，故须兼收辅、弼宫龙神，合气入穴，以成五吉，然后一元而兼两元龙力，悠远不替矣。故目之曰"真龙"，极其赞美之辞也。

此节言山者皆指水，盖平洋以水为山，水中即有山矣。辅星即是九星中左辅、右弼。盖有二例：一则九宫卦例，以一白配贪狼，二黑配巨门，三碧配禄存，四绿配文曲，五黄配廉贞，六白配武曲，七赤配破军，八白配左辅，九紫配右弼，此《天玉经》玄空大卦之定理也；一则八宫卦例，将辅弼二星并一宫，分配八卦，制为掌诀，二十四山系于纳甲之下，互起贪狼，为立向消水之用，阳宅天医、福德亦同此诀。窃以之彰往察来，皆无明验。盖即《天玉》所辨二十四山起八宫，唐一行所造，后人指为《灭蛮经》者也。二说真伪判然，不可误认。

五吉即三吉。盖形局九星，以水、土、金三星为贪、巨、武三吉，而辅弼为入穴收气之用；方位九星亦有三吉，虽以贪狼统龙，而每宫自有三吉，不专取巨、武。此节天元宫兼辅为五吉，中有隐语，非笔墨所敢尽。既云"五吉"，则分辅弼作两星，以配九宫，其非八宫之诀明矣。若在人地两元，别有兼法，见诸下文。此节以下，所举干支卦位，俱带隐谜，若从实推详，不啻说梦，非杨公言外之真旨矣。

［直解］注云：辅星，天元宫之最亲者，其言微乎妙乎，使人不易测识耳。杨公又云"山中有此是真龙"，明明指我在水中，又不在天元

之水中，正在天元最亲最近之水中。然取于六八①者，非也。

所云"一同到"者，一宫之水全到也。细玩其子癸午丁、卯乙酉辛，辅弼已在言外矣。同到即巳丙、亥壬、申庚、寅甲、丁未、癸丑、乙辰、辛戌之同到。一同到，则卦爻杂乱，阴阳差错，吉中有凶，不成美器矣。差错之所，杂乱之方，须挨辅星以补之。是辅星虽非当令之星，亦能先时补救，化凶而为吉者也。所云"取得辅星"，即此之谓欤？

　　辰戌丑未地元龙，乾坤艮巽夫妇宗。

　　甲艮壬丙为正向，脉取贪狼护正龙。

[蒋注] 此取四季之支为地元龙者，亦谓此四支中有地元龙者存也。此四支，原在乾坤艮巽卦内，故曰"夫妇宗"。此元气局逼隘，不能兼他元为五吉，止取贪狼一星真脉入穴，护卫正龙根本。则卦气未值，其根不摇；卦气已过，源长流远，斯为作家妙用。贪狼即在甲庚壬丙之中，故但于此取正向，乘正脉，与天人两元，广收五吉者有殊。不言辅星，辅弼已在其中故也。杨公著书，泛论错举之中，其金针玉线，一丝不漏盖如此。

[直解] 地元即下元。逼隘非形局之逼隘，气运之逼隘，故不曰"五吉"，而曰"护正龙"，即八、九、一之谓也。然在此时，不曰"五吉"者，何也？谓下元未尽，令星弗得弗用；上元将交，贪又弗得弗用。若兼巨、武而为五吉，则吉凶参半，非但不能为福，适足致祸。所谓"凶多"者，凶胜吉也，岂非与天人两元取五吉者有殊？作家不可不辨。

　　寅申巳亥人元来，乙辛丁癸水来催。

　　更取贪狼成五吉，寅坤申艮御门开。

　　巳丙宜向天门上，亥壬向得巽风吹。

[蒋注] 此四孟之支，亦属四隅卦。此四卦中，有人元龙者存也。天元之后，即应接人元。杨公因三才三正之序，颠倒错列，亦隐秘其天机，使人不易测识耳。此元龙格，亦必兼贪狼，而后先荣后凋。若不兼贪狼，虑其发迟而骤歇矣。用乙辛丁癸水催之者，谓此四水中有贪狼

---

① 原注：四隅之乾坤。

也。此宫广大兼容，故旁及坤艮，亦所不妨，故曰"御门开"。若是巳丙、壬亥相兼，则犯阴阳差错之龙矣，法宜去丙就巳，去壬就亥，以清乾巽之气。此则专为人元辨卦，而言处处欲要归一路。盖一路者，当时直达之机；兼取者，先时补救之道。不直达则取胜无先锋，不补救则善后无良策，二者不可偏废也。

总观三节文义，子午卯酉配乙辛丁癸，辰戌丑未配乾坤艮巽，为"夫妇同宗"；而寅申巳亥独不配甲庚壬丙为夫妇，则其本意不以甲庚壬丙属寅申巳亥可知矣。此正合《天玉》大五行作用，而非十二支配十二干为一路之俗说也。故不曰"寅申坤艮"，而曰"寅坤申艮"，非以寅为坤，以申为艮也。巳属巽而反曰"天门"，亥属乾而反曰"巽风"，颠倒装成，其托意微而且幻类如此。至其立言本旨，不过隐然说出阴阳交互之象。然篇中皆错举名目，不肯分明，至后节主客东西，方露出端倪，而终不显言，先贤之慗慎如此，使我有浪泄天机之惧矣。

[直解] 人元自有人元合运之山水，自有人元合运之星辰，体用俱合。人元仅有三吉四吉，此云"五吉"者，何也？谓当时直达之星辰已得，再取贪狼一星，合成五吉，以补悠远，用法之至要者也。"乙辛丁癸水来催"者，非谓此四水尽属人元，又非谓有此四水即是贪狼，正谓在是元，用是山，收是水。或丁或乙，或癸或辛，有得贪狼者在耳。"御门开"即兼通出卦之意。盖申与庚、巳与丙、亥与壬、俱属贴邻，易犯差错之宫。或巳出于丙，告我向之以天门亥；或杂于壬，又令吹之以巽风。杨公教人补救，直达深切著明至矣，尽矣。

○辅亦可兼，弼亦可兼，诸星亦可兼，贵在各乘其时耳。先将当元之令星用得安妥，再将先时补救之策，或兼贪，或兼辅。多兼则元运不一，吉凶参半。注云"欲取天元而非纯乎天元，欲取地元又非纯乎地元"，盖谓此也。总观三节文义，兼法俱要随时酌量，宜兼贪则兼贪，宜兼辅则兼辅，全在作者随时兼取，随地变通耳。

贪狼原是发来迟，坐向穴中人未知。

立宅安坟过两纪，方生贵子好男儿。

［蒋注］贪狼，诸卦之统领，得气先而施力远，何云"发迟"？此言人地两元兼收之脉，不当正卦，傍他涵蓄，故力不专，是以迟也。"两纪"，约略之辞。"生贵子"，正见诞育贤才，以昌世业，隐含悠久之义，非若他宫一卦乘时，催官暂发之比。若夫应之迟速，是不一端，乌可执此为典要也！

［直解］上数节，言人地兼贪，最易发福。此云"发迟"者，何也？谓贪狼虽非人地两元主运之星，却能补偏救弊，先荣后凋，故曰"迟"也。坐向，言坐山向首之排龙也。坐山向首之排龙，或排贪狼到山，或排到向首，或排到水口、三叉、奇峰、贵砂，定主产贤才，昌世业，发福无休无歇也。

立宅安坟要合龙，不须拟对好奇峰。

主人有礼客尊重，客在西兮主在东。

［蒋注］山龙真结，必对尊星，而后出脉。或回龙顾祖，或枝干相朝，先有主峰，乃始结穴，故必以朝山为重，非重朝山，正重本身出脉真伪也。平洋既无来落，但以水城论结穴。水自水，山自山，虽有奇峰，并非一家骨肉，向之无益。故只从立穴处消详堂局，收五吉之气，谓之合龙，而不以朝山为正案也。

末二句，乃一篇之大旨，精微玄渺之谈。所谓"主客"，又不止于论向，而指龙为主人，向为宾客也。"主客"犹云夫妇，实指阴阳之对待，山水之交媾。一刚一柔，一牝一牡，玄窍相通，皆在于此言。有此主便有此客，有此客便有此主。"主客"虽云二物，实一气连贯，如影随形，如谷启响，交结根原，一息不离，非谓既有此主，乃更求贤宾对之也。"东西"，盖举一方而言，亦可云"主在西兮客在东"，亦可云"主在北兮客在南，主在南兮客在北"，八卦四隅，无不皆然，所谓"阴阳颠倒颠"也。

〇自"天下军州"至此，统论平洋龙法，其中卦位干支秘诀，总不出此二语，故于结尾发之，以包举通篇之义，学者所当潜思而曲体之者也。

［姜注］《宝照》发明平洋龙格，开章直喝"天下军州总坐空，何须

撑着后头龙"，大声疾呼，朗吟高唱，此为杨公撰著此书通篇眼目，振纲挈领之处，不可泛泛读过。盖平洋龙格，举世所以茫然者。只因俗师聋瞽，将山龙溷入，无从剖辨，触处成迷也。

平洋之作法既迷，并山龙之真格亦谬，失其一并害其二矣。杨公苦心，喝此二语，醒人千古大梦，使知平洋二宅不论坐后来脉，凡坐空之处，反有真龙，坐实之处，反无真龙，与山龙之胎息孕育截然相反，欲学者从此一关打得透彻，更不将剥换过峡、高低起伏、马迹蛛丝、草蛇灰线等字，缠扰胸中，只在阴阳大交会处悟出真机，而后八卦九星、干支方位，以次而陈，丝丝入扣，平龙消息，始无罣漏之虞。平龙既无罣漏，而山龙亦更无罣漏矣。

倘不明此义，只将后龙来脉胶葛纠缠，则造化真精何从窥见？虽授之以八卦九星之奥，亦无所施也。穷年皓首，空自茫茫；高山平洋，总归魔境。我于是益叹杨公度人心切也。后篇所以覆举二语，重言以申明之意深切矣。

此篇前十二句为一章，言深山支龙之穴；中三十四句为一章，言干龙脱杀出洋之穴。此二章皆属山龙。后四十六句分七节为一章，言平洋水龙之穴。

［直解］山龙看主山、朝案，以辨龙体之真伪；平洋对三叉、察血脉，以认来龙之得失，山洋一定不易之法也。"要合龙"者，观九曜之合不合也。"奇峰"者，尖秀挺拔之峰也。合元微则对之，不合则不必对之。所云"主东客西"，即阳水阴山颠倒颠之义。"主人有礼"者，龙真气旺也。龙果真，气果旺，前后左右辅从，则加之美名。如龙微气衰，虽有奇峰贵砂，即改为恶曜。所以"本主兴隆，杀曜变为文曜；龙身微贱，牙刀化作屠刀"，即此之谓也。

〇已上数节，都属半含半吐，但吞吐之间，有深意存焉，读者当细心参考，自有所得也。

中篇

天下军州总住空，何须撑着后来龙。
时人不识玄机诀，只道后头少撑龙。
大凡军州住空龙，便与平洋墓宅同。
州县人家住空龙，千军万马悉能容。
分明见者犹疑虑，龙不空时非活龙。
教君看取州县场，尽是空龙拨摆踪。
莫嫌远来无后龙，龙若空时气不空。
两水界龙连生窟，穴得水兮何畏风？
但看古来卿相地，平洋一穴胜千峰。

[蒋注]"天下军州"二语，前篇已经唤醒杨公之意，犹恐后人见不真，信不笃，故反复咏叹，层层洗发，穷追到底，罄其所以然之故。又恐概说军州大势，尚疑人家墓宅或有不然，故指实而言。军州如是，墓宅亦无不如是，只劝世人拣择空龙，切勿取实龙作撑也。

所以然者，何也？山龙只论脉来，平洋只论气结。空则水活而气来融结，实则障蔽而生气阻塞。肉眼但见漭漭平田，毫无遮掩，疑为坐下风吹散气之地，不知水神界抱，阳气冲和。平洋之穴，无水则四面皆风，有水则八风顿息，所谓"气乘风则散，界水则止"，古人之言正为平洋而发也。

[直解]杨公恐人不信空龙之说，特引州县城池为证。然州县城池未必尽属后空，人家墓宅，亦非以坐空为是，坐实为非，只要坐空得坐空之五行，坐实得坐实之五行，方合"龙空气不空，龙实气不实"之妙用。

中言得水，承上文"龙空气不空，龙实气不实"而申言之也。此谓"得"者，非以左右有水谓"得"，亦非以前后有水谓"得"，以所有之水得挨星生旺谓"得"也。

子午卯酉四山龙，坐对乾坤艮巽宫。
莫依八卦阴阳取，阴阳差错败无穷。
百二十家渺无诀，此诀玄机大祖宗。
来龙须要望龙穴，后若空时必有功。
帝座帝车并帝位，帝宫帝殿后当空。
万代侯王皆禁断，于今隐出在江东。
阴阳若能得遇此，蚯蚓逢之便化龙。

[蒋注] 此明八卦之理，即前子午卯酉，属坎离震兑四卦，乾坤艮巽又四卦之义也。所谓"坐对"，非指山向，盖四正卦与四隅卦两两相对，故云然也。"八卦阴阳"者，指八卦五行，以乾卦领震、坎、艮三男而属阳，坤卦领巽、离、兑三女而属阴。此先天之体，非后天之用，以之论阴阳，则差错而败不胜言矣。

谈阴阳者百二十家，皆此是彼非，渺无真诀。惟有玄空大卦，乃阴阳五行大祖宗，圣圣相传，非人勿示也。识得此诀，虽帝王大地，了如指掌，特禁秘而不敢言耳。杨公自言既得至道，不敢炫耀于世，故披褐怀玉，抱道无言。

然《天宝》虽秘惜，而救世之心未尝少懈，曾于《天玉经》"江东一卦"诸篇隐出其旨。世之好阴阳者，有缘会遇，信而行之，顷刻有鱼龙变化之征也。或云："杨公得道之后，韬光晦迹，背其乡井，隐于江东。"俟考。

[直解] 子午卯酉，指地之四正而言；乾坤艮巽，指空之四维而言，非必拘定要坐对乾坤之位，只要玄空坐对二四六八便是。阴阳二宅，若能合此玄机，自有鱼龙之变化。下文辰戌丑未、甲庚壬丙，即此意也。

○地气南北不同，山洋迥异，即性之刚柔，气之老嫩，亦随处而各别者也，切不可拘泥，有误天地生成之妙用也。地有相去数郡，高卑无二者；亦有相去数里，厚薄迥异者；亦有相去数步，而老嫩悬绝者，总要随地取裁，不可执一。即坐水向水、后空后实，亦要各得其宜为妥，切不可拘泥后空为是，后实为非；亦不可拘拘后高为是，后空为非。总要随地适宜，高低各得为是。所谓"泥于古者必不能愈今疾，拘于方者决不能治远人"，即此之谓欤！

　　子午卯酉四山龙，支兼干出最豪雄。

　　乙辛丁癸单行脉，半吉之时又半凶。

　　坐向乾坤艮巽位，兼辅而成五吉龙。

　　［蒋注］此皆杨公隐谜，举四正为例。若行龙在子午卯酉四支长流不杂，虽兼带干位，总不出本卦之内，其脉清纯，故云"最豪雄"也。若乙辛丁癸，虽属单行，未免少偏即犯他卦，所以吉凶参半也。言子午卯酉，而乾坤艮巽不外是矣；言乙辛丁癸，而甲庚壬丙不外是矣。辨龙既清，乃于诸卦位中随便立向，则又以方圆为规矩，而未尝执一者也。

　　［直解］此四卦重支之卦，支兼干出，即子癸、午丁、卯乙、酉辛。若乙辛丁癸，而无子午卯酉兼出者，即谓之"单行脉"也。单行之脉，稍有一偏，即出他卦；行龙出卦，恐生旺不一，吉凶无定。所云"坐向乾坤"者，非必拘定坐向乾坤之位，只要天元取辅，人地兼贪，全收五吉之气也。单行之脉，虽易出卦，有心者，倘遇此种来龙来脉，龙穴真的者，切莫弃而不取也。只要用得五吉，合得三星，其吉更胜于一卦清纯者矣。

　　辰戌丑未四山坡，甲庚壬丙葬坟多。

　　若依此理无差谬，清贵声名天下无。

　　为官自有起身路，儿孙白屋去登科。

　　八卦不是真妙诀，时师休把口中歌。

　　败绝只因用卦差，何见依卦出高官？

　　阴山阳水皆真吉，下后儿孙祸百端。

水若朝来须得水，莫贪远秀好峰峦。

审龙若依图诀葬，官职荣华立可观。

[蒋注]此指四隅龙脉而言，而举辰戌丑未为隐谜也。谓此等行龙，而取甲庚壬丙向者甚众，必须龙法纯全，向法合吉，毫无差谬，而后清贵之名卓于天下也。"起身路"，正指来龙之路。八卦本是真诀，而误用则祸福颠倒，故云"非妙诀"。后章"八卦只有一卦通"，乃始微露消息。收水之法，向云"阳用阴朝，阴用阳应"，乃卦理至当不易之言；而竟有阴山阳水，阳山阴水反见灾祸者，则辨之不真，阳非阳而阴非阴也。"得水"二字，世人开口混说，然非果识天机秘旨，收入玄窍之中，虽三阳六建，齐会明堂，虎抱龙回，涓滴不漏，总未可谓之"得"。若知得水真诀，即阴阳八卦之理示诸斯乎？"莫贪远秀好峰峦"，即上篇已发之义，致其叮咛之意云尔。

[直解]甲庚壬丙，是随时变易之甲庚壬丙，非四维八干不易之甲庚壬丙，读者切莫误认。此理云者，是山上水里阴阳相配之理也。山上水里，果能交之以阳，配之以阴，清贵声名，自然流传天下。八卦九星，本是真诀，而此独非者何也？申言板格之非也。在地为八卦九宫，在天即是北斗九星，随气流行，随时变易，往来无定者也。拘拘于呆法，变易者反以为不易，无定者执以为有定，所谓"阳者非阳，阴者非阴"，故谓之"不真"。

所谓"得水"者，非诸家五行之所谓"得"，又非上元必须离水、下元必须坎水之所谓"得"也。此所谓"得"者，是玄空之得谓"得"也。夫辰戌丑未，是四维八干不易之定位；甲庚壬丙，是周流六虚随时而在之甲庚壬丙，一空一实，必须揣摩而得。有形之质，静而不移；无形之气，动而不息。一动一静，一阴一阳，相为表里；一往一来，一山一水，两相配合，官职荣华，自能立见矣。

玄机妙诀有因由，向指山峰细细求。

起造安坟依此诀，能令发福出公侯。

真向支山寻祖脉，干神下穴永无忧。

寅申巳亥骑龙走，乙辛丁癸水交流。

若有此山并此水，白屋科名发不休。

昔日孙钟扦此穴，从此声名表万秋。

［蒋注］通篇皆言平洋，此章乃插入山峰者，何也？盖八卦九星，乃阴阳之大总持，故凡有山之水，可以不论山；而有水之山，不能不论水。若遇山水相兼之地，未可但从山龙而论，还须细细寻求，亦必合此玄空大卦之诀，而后墓宅产公侯也。祖脉必要支山，盖从四正而论，下穴立向，则不拘干支矣。此祖脉乃玄空之祖脉，非山龙之来脉也，读者切勿错认。

寅申巳亥、乙辛丁癸，俱属易犯差错之龙，故曰"骑龙走""水交流"，文有殊，义无别。此山此水，而科名不歇者，不犯差错故也。孙钟墓在富阳天子岗，本山龙，而收富春江长流之水，故引为证。

［直解］上四句，言体用兼到之妙；中二句，承上文而言祖脉。此祖脉，非太祖、少祖山龙之来脉，又非干支公孙子母之祖脉。此祖脉，乃玄空之祖脉，所谓"天心"是也，数语当细细察之。如乙辛丁癸、寅申巳亥，即上文所谓"甲庚壬丙、辰戌丑未"之意。时师都谓"此山此水，易犯差错之龙"，皆弃之不取；不知"此山此水"亦发福者，特引孙钟墓为证。《经》云："八方位位有真龙，爻象干支总一同"，盖谓此也。

来龙须看坐正穴，后若空时必有功。

州县官衙为格局，必然清显立威雄。

范蠡萧何韩信祖，乙辛丁癸足财丰。

亥壬耸龙兴祖格，巳丙旺相一般同。

寅申巳亥等五吉，乙辛丁癸四位通。

紫绯昼锦何荣显，三牲五鼎受王封。

龙回朝祖玄字水，科名榜眼及神童。

后空已见前篇诀，穴要窝钳脉到宫。

试看州衙及台阁，那个靠着后来龙？
砂揖水朝为上格，罗城拥卫穴居中。
依图取向无差误，不是王侯即相公。

[蒋注]后空之旨，屡见篇中，而此章又反复不已者，盖后空不但无来脉而已，并重坐下有水，乃谓之活龙摆拨，而成真空有气也。故首句云"坐正穴"，实指穴后有水，取为正坐。古贤旧迹，往往如此。《遍地钳》所谓杜甫、卢仝、李白祖，此又引范蠡、萧何、韩信，总合此格。下列诸干支，言不论是何卦位，只要合得五吉，收归坐后，发福如许尔。故下文即接"回龙朝祖玄字水"。分明指出前朝曲水，抱向穴后，乃回龙顾祖之格也。神童黄甲，必可券矣。

篇中又自言后空之诀，已见前篇，然恐人误认，只取坐后无来脉，便云有气；不知穴后必须水抱成窝钳之形，而后谓之"到宫"。若但云空而非坐水之空，空何贵焉？"砂揖水朝""罗城拥卫"，皆就水神而论；"穴正居中"，指坐穴也。此节直说出王侯将相大地局法，非泛论也。

[直解]上节言山龙干神坐实之法，此节言平洋五吉坐空之奥，一山一水，一空一实，申言坐空坐实用法之不同也。然后空之说，前已详言，此又重言者，何也？恐人误认，不察水之干枝向背也。穴后之水，必要枝流拱向得神，抱绕有情，再坐之以五吉，此即谓"正穴"，又谓"到宫"。所云"巳丙""亥壬"，总言不论是何卦位，是何干支，只要合得五吉，毫无差谬，神童黄甲，卿相公侯，有得之若操券者矣。杨公恐人不信，特引萧、韩祖墓为证。坐正穴者，即不偏不倚，不上不下，不浮不沉之谓也。"后空"非以穴后有水谓"空"，用法"水弗得即谓空"。如穴后有水，而金龙到头，此谓"龙空气不空"，所谓"脉到宫"者即此意也。

天机妙诀本不同，八卦只有一卦通。
乾坤艮巽躔何位，乙辛丁癸落何宫。
甲庚壬丙来何地，星辰流转要相逢。

莫把天罡称妙诀，错将八卦作先宗。
乾坤艮巽出官贵，乙辛丁癸田庄位。
甲庚壬丙最为荣，下后儿孙出神童。
未审何山消此水，合得天心造化工。

〔蒋注〕一部《宝照经》，不下数千言，皆半含半吐，至此忽然漏泄。盖阴阳大卦，不过八卦之理，而篇中乃云"八卦不是真妙诀"者，正为不得真传，不明用卦之法故也。而其所以不明用卦之法者，皆因泛言八卦，而不知八卦之中止有一卦可用故也。大五行秘诀，不过能用此一卦，即从此一卦流转九星，便知乾坤艮巽诸卦落在何宫，二十四干支落在何宫，而或吉或凶，指掌了然矣。

俗师不得此诀，妄立五行，有从四墓上起天罡，以为放水出煞之用，如何合得八卦之理？夫收得山来，乃出得煞去，不知一卦作用，山既无从收，一卦不收诸卦干支，又何从流转九星，求纯弃驳而消水出煞乎？

今人但知二十四山，处处可出官贵，处处可旺田庄，处处可出神童，而不知二十四位水路交驰，果下何卦，收何山，乃消得此水，出得煞去？夫既不能收山出煞，则其谈八卦、论干支，皆胡言妄说而已，何以契合天心而造化在手也？

天心即天运，非善人合天之家不能遇也。大五行所谓"一卦"，即指天心正运之一卦也。篇中露此二字，其间玄妙，难以名言。杨公虽指出天心一卦之端，而其下卦起星之诀，究竟未尝显言，则天机秘密，须待口传，不敢笔之于书也。

〔姜注〕篇中八卦干支，纵横错举，原非实义。细玩此节"何位""何宫""何地"等句，即知经文皆属活句，非死句也。我师于前篇注中，切戒学者，毋得执定方位，意在此尔。凡读杨公书者，当知此意，非独《宝照》而已，《天玉》《青囊》无不皆然。

〔直解〕一卦者，一元一卦，即天心正运之一卦也。能用此一卦，则知乾坤艮巽落在何宫，二十四干支躔在何地，或阴或阳，或顺或逆，或左或右，指掌了然矣。不识此卦，误认五行、八长生、四墓库、左旋右转，以为放水出煞之用，不亦谬乎？知此一卦，即知收得山来，出得杀去；不知此一卦，则谈八卦，论干支，皆糊言妄语而已。岂能契合天心，挽回造化哉！

　　五星一诀非真术，城门一诀最为良。

　　识得五星城门诀，立宅安坟定吉昌。

　　堪笑庸愚多慕此，妄将卦例定阴阳。

　　不向龙身观出脉，又从砂水断灾祥。

　　筠松宝照真秘诀，父子虽亲不肯说。

　　若人得遇是前缘，天下横行陆地仙。

　　[蒋注] 前章既言一卦下穴、收山出煞之义，此章又直指城门一诀，杨公此论，真可谓披肝露胆矣。盖五星之用，其要诀俱在城门；识得城门，而后五吉有用，于此作二宅，无不兴隆者矣。城门一诀，与龙身出脉，正是一家骨肉，精神贯通。能识城门，乃能观出脉；能观出脉，便能识城门。故笑世人不识此秘，而妄谈卦例，从沙水上乱说灾祥也。此以下皆杨公镂精抉髓之言，得此便是陆地神仙。父子不传，夫亦师傅之禁戒如是，岂敢违哉！

　　[直解] 五星本是真术，杨公恐人专取贪巨武为五吉，不辨往来消长，故曰"非真术"也。察血脉、认来龙、对三叉、细认踪，种种要诀，所重在城门。识得城门，即识龙来何脉矣。城门即水之交会处，关系祸福之所，令星紧要之处，须得五吉三星，补救直达，斯为尽善。城门得城门之用法，再合兼贪兼辅之妙，两美相合，立宅安坟，造化自在掌握矣。

　　世人只爱周回好，不知水乱山颠倒。

　　时师但云讲八卦，却把阴阳分两下。

　　阴山只用阳水朝，阴水只用阳山收。

　　俗夫不识天机妙，自把山龙错颠倒。

胡行乱作害世人，福未到时祸先到。

[蒋注]《道德》不云乎"常无欲以观其妙，常有欲以观其窍"，此正丹家所谓"玄关一窍"。大道无多，只争"那些子"，故曰"不离这个"。人身有此一窍，天地亦有此一窍，地理家须识此阴阳之窍。今人只爱周回好，而不知"那些子"。些子合得天机，周回不好亦好；些子不合天机，周回虽好，皆无用矣。

阴山阳山，阴水阳水，皆现成名色，处处是死的，惟有那些子是活的。些子一变，阴不是阴，阳不是阳，阴可作阳，阳可作阴，故曰"识得五行颠倒颠，便是大罗仙"。世人不谙天机，误将山龙来脉，牵合平洋理气，执定板格，阴阳反成差错，乃真颠倒也。本欲造福，反以贾祸，杨公所为恻然于中，而有是书也。

[直解]"周回"，言前后左右。前后左右，龙穴砂水好不好，人人知之。如上山下水，颠倒错用，时师从何窥见？并有以乾卦领震坎艮三男，而分属阳；坤巽离兑四卦分属阴，此乃先天之体，非后天之用，以之论阴阳，分两片，且执定板法，如山从右转者，水必是左转；山从左旋者，水必宜右到。以山岗寻龙寻脉之法，混入乎平洋理气，祸之先到，不亦宜乎？注云"那些子"三字，指挨星生旺而言。城门得生旺，虽周回不好亦吉，如城门不得生旺，周回虽好，皆无用矣。随气变迁，即是"那些子"；气化流行，物换星移，亦是"那些子"。所谓"关窍"者，即此意也。

阳若无阴定不成，阴若无阳定不生。

阳水阴山相配合，儿孙天府早登名。

[蒋注]此节并下节，尤为全经倾囊倒箧之言，而泛泛读过，则不觉其妙。盖举平洋龙法、穴法、收山、出煞，八卦干支之理，一以贯之矣。孤阳不生，独阴不育，此虽通论，而大五行秘诀，只此便了。学者须在"山水配合"上着眼。所谓"配合"，自然配合，非寻一个阳以配阴，寻一个阴以配阳也。水即是阳，山即是阴；阴即是山，阳即是水。故只云"阳水阴山"，而不更言"阴水阳山"。知此者，可与读《宝照

经》矣；知此者，亦不必更观《宝照经》矣。

[直解]"阴阳"，即"来者为阳，往者为阴"之"阴阳"也。阴山阳水者，当用将来之气挨入水中，已往之气装在山上，即为阳水阴山。此阴阳是气运消长之阴阳，非干支卦爻之阴阳，又非左到右到之阴阳，又非上元必须离水、下元必须坎水之阴阳，又非以来水为阳、去水为阴之阴阳也。参透此关，方知生成配合之妙理矣。

水里排龙，水里得阳，山上得阴；山上排龙，山上得阳，水里得阴。此谓之"阳水阴山""阴水阳山"也。上文所谓"阳山阳水"者此也，所谓"山与水相对"者此也，所谓"江南江北""主客东西"亦即此也。

○孤阳不生，独阴不长，此天地生成至当不易之理也。配合即阳水阴山、阴山阳水，"交互相生，来往皆春"，此真配合也。苟能如此，自有天府登名之应。

都天大卦总阴阳，翫水观山有主张。

能知山情与水意，配合方可论阴阳。

[蒋注]紧接上文。都天大卦岂有他哉！总不过阴阳而已。真阴真阳，只在山水上看；而翫山观水，须胸中自有主张。此主张，非泛泛主张，乃乾坤真消息，所谓"天心"是也。"山情""水意"四字，全经之窍妙，今人孰不曰"山水有情意"？而不知世人所谓情意，非真情意也。识此情意，则是阴阳，便成配合，青囊万卷，尽在个中。于戏！至矣！

[直解]主张，即天心正运之主张。"山情""水意"，是山水各得其宜之情意。所言"配合"，非寻一个阳以配阴，寻一个阴以配阳也。要山上排龙，水里排龙，一九、二八、三七、四六玄空会合也。或一六、二七、三八、四九，亦可山上水里，彼此生生，动静得宜，雌雄配合，最为合法。此"配合"，即天心自然之配合，是"山情""水意"，玄空之配合。知此，则《青囊》《天玉》之机尽矣。

都天宝照无人得，逢山踏路寻龙脉。

前头走到五里山，遇着宾主相交接。

欲求富贵顷时来，记取筠松真妙诀。

[蒋注] 上文说到山情水意，都天大卦之理尽矣。此节又赞叹而言，此《都天宝照》不轻传世，若有人能得以此观山觇水，一到山情水意、宾主相交之处，用杨公诀法扦之，顷刻之间，造化在手。盖一片热肠，深望人之信从而发此叹也。

[直解] 上文所言情意，是山上水里，用法得宜，动静生生之情意。此言宾主，是相朝相顾，气止水交，主宾相得之宾主。体用咸明，再参古今名墓，考其离合，正其是非，精益求精，斯可穷其变矣。

上文说山情水意，此节言宾语相交，总非四吉四凶之呆格耳。只要山水会合之地，宾语相交之处，取一卦乘时之法，催官骤法之秘，顷刻之间，自有鱼龙变化之征，富贵霎时之意。

天有三奇地六仪，天有九星地九宫。
十二地支天干十，干属阳兮支属阴。
时师专论这般诀，误尽阎浮世上人。
阴阳动静如明得，配合生生妙处寻。

[蒋注] 前简赞叹已足，终篇又引奇门以比论者，盖奇门主地，从洛书来，与地理大卦同出一原，而时师用错，所以不验。惟有大五行是奇门真诀，欲知此诀，只在阴阳一动一静之间，求其配合生生之妙，则在在有一阴阳，非"干是阳而支是阴"如此板格而已。盖动静即是山情水意，即是城门一诀，即是收山出煞用一卦法。

所谓"龙到头"者此也，所谓"龙身出脉"者此也，所谓"龙空气不空"者此也，是名"真宾主"，是名"真夫妇"，是名"真雌雄"。终篇又提出此二字，与上篇第三章"动静中间求"一语首尾相应，杨公之旨，抑亦微之显矣夫。

[姜注] 中篇一十三节，共一百四十六句，皆申明上篇第三章以下未尽之义，以终平洋龙穴之变。

[直解] 上数句，言奇门之法，世人用差，所以不验。末三句，论阴阳动静配合，生生之妙。阴阳非以山为阴水为阳，又非以干为阳支为

阴，又非以四卦属阳四卦属阴，又非以左水到右为阳，右水到左为阴也。动静亦非以形动为动，形静为静也。此所谓"动静"者，即天主动，动以静而生；地主静，静以动而成。如明得天地阴阳动静生成之奥，再细细寻其生生配合之妙，玄空之髓可造乎其极矣。

○静即地，凡有形者皆静，为方为隅形象之谓也。动者天也，曰空，曰气，曰健，无形之谓也。动者运行于上，无一息之停，万物生生化化，成形成象，何莫不由天之动而始也。成形成象即是静，即是动以静而生，静以动而成也。地惟静，其所以生万物即是动。动者皆天始之也。天不得地则无所以生，地不得天则无所以成。乾统坤，地承天。惟动故能统，惟静故能承也。配合生生，是言山上排龙，水里排龙。阴阳动静，山上水里有彼此生生、来往皆春之情意也。

下篇

［蒋注］上中二篇，历叙山龙、平洋正变之旨，自始至终，有本有末，文虽断续，而义则相蒙。下篇所言，不过前篇余义，而错杂言之，无有条贯，每章各论一事，文无承接，义无照应，浅者极浅，深者极深，学者分别观之可也。

寻得真龙龙虎飞，水城屈曲抱身归。

前朝旗鼓马相应，下后离乡着紫衣。

［蒋注］此节专指山龙而言。真龙之穴，龙虎分飞，非其病也。真龙行急，龙虎之相随亦急，急则两砂之末乘势逆回，有似分飞，昔人指为曜气，正真龙灵气发露之象也。然情既向外，则人事亦应之，主子孙他方发达，谓之离乡砂也。

［直解］此节言真龙气势行急之象，恐人认为曜气，故特指之。

乙字水缠在穴前，下砂收锁穴天然。

当中九曲来朝穴，悠扬潴蓄斗量钱。

两畔朝归穴后歇，定然龙在水中蟠。

若有声为数钱水，催官上马御阶前。

［蒋注］自此以下八节，皆平洋水局形体吉凶之辨。此节言曲水缠身之格，歇在穴后，正前篇所谓"后龙空""坐正穴"也。"数钱水"，假借为义，俗而巧。

［直解］此节专言平洋砂形水法之至美者也。

安坟最要看中阳，宽抱明堂水聚囊。

出夹结成玄字样，朝来鸾凤舞呈祥。

外阳起眼人皆见，乙字弯身玉带长。

更有内阳坐穴法，神机出处觅仙方。

［蒋注］此言堂气形局之美。至于内阳坐穴法，正前篇所谓"来龙正坐"，及"城门一卦"之诀也，非神机仙术，乌足以语此？

［直解］中阳、外阳、内阳，即内堂、外堂。玉带、乙字等语，总论形局砂水之至美者也。更有"坐穴法"句，总承上文龙空气不空、城门一卦之得与弗得而申言之也。

〇不拘内堂、外堂，水法总以止蓄团聚为佳。水法团聚止蓄，周回自然，相向有情。

水直朝来最不祥，一条直是一条枪。

两条名为插胁水，三条云是三刑伤。

四水射来为四杀，八水名为八杀殃。

直来反去拖刀杀，徒流客死少年亡。

时师只说下砂逆，祸来极速年堪当。

塍圳路街如此样，亟宜迁改免灾殃。

［蒋注］此节极言直来凶格，盖水神最忌木火，以其有杀气无元气也。纵属来朝，亦有损无益，况诸路交驰、漏风冲泄乎？旺元犹可，衰运无噍类矣。

［直解］此节专言直水之凶，冲射者更凶。路街、田塍冲射者亦忌。有则改之，以免灾殃。

前水来朝又摆头，淫邪凶恶不知羞。

乾流自是名绳索，自缢因公败可忧。

［蒋注］此曲水凶格。水神虽以曲为吉，然曲处须节节整齐，乃合星格。若摆头斜去，及如绳索样，或大或小，或疏或密，或正或欹，皆似吉而凶，纵然发福，必有破败。

［直解］穴前水形似曲非曲，似直非直者，谓之摆头。似是而非，最易误认，故特指之。水形如此，不拘左右前后，二宅均忌。

左边水反长房死，右边水射小儿亡。

水直若然当面射，中子离乡死道傍。
东西南北水射腰，房房横死绝根苗。
贪淫男女风声恶，曲背拖腰家寂寥。
左边水反长房死，离乡忤逆皆因此。
右边水反小儿伤，风吹妇女随人走。
当面水反中男当，断定二房有损伤。
左右中反房房绝，切忌坟茔遭此劫。

[蒋注] 以上数节，虽义浅而辞鄙，然其应甚速，以其切于用也，故存之。惟公位之分，不可尽拘耳。

[直解]《天玉》《青囊》《都天宝照》或言体，或言用，或兼体用而言，千言万语，不外"趋避"两字。此两节专指砂形水法、冲射反跳而言，如诸般凶山恶水，即合用法，切不可因其合用而取之也。

一水裹头名断城，下之虽发未为荣。
儿孙久后房房绝，水到砂收反主兴。

[蒋注] 平洋穴取近水，三方皆可逼窄，唯穴前明堂须宽容不迫，展舒穴气。若一水裹头，穴无余气，虽环抱亦不发。若面前另有一枝水到，则又以接水呈秀，其逼窄之气有所发泄，反不为凶尔。

[直解] 形虽环抱，狭而带浅，左右前后毫无阔狭生动之意，名曰断城，又名裹头。裹头之水，穴前阳气不舒，最易败绝，似吉非吉，故特辨之。

茶槽之水实堪忧，莫作荫龙一例求。
穴前太偪割唇脚，不见荣兮反见愁。

[蒋注] 穴前池塘，水聚天心，名荫龙水，本为吉局。若硬直深坑，形似茶槽，既非佳格；或明堂宽旷，犹未见凶，更加急葬，穴气太偪，则有凶无吉矣。同一穴前池水，形局软硬，立穴缓急，其应不同，不可不深辨也。

[直解] 直硬深坑，毫无动意，谓之茶槽。止蓄团聚，照穴有情，

谓之应龙。荼槽宜远,远则不割;应龙宜近,近则得神。切不可误认而远近错用也。

　　玄武摆头有多般,未可悭然执一端。
　　或斜或侧或正出,须凭直节对堂安。
　　摆头直出是分龙,须取何家龙脉踪。
　　大山出脉分三诀,未许专将一路穷。

　　[蒋注]玄武水来,本合后空活龙之格,宜为正坐之穴矣。然亦须详其来法,以辨纯杂,定吉凶,未可执一也。盖水有偏出、正出不同,惟"直节对堂安",乃是真玄武水。若摆头曲来,而又直出前去,一曲一直之间,龙脉不一,是谓"分龙",不必分两道而后谓之"分龙"也。须察其曲来是何脉,直去是何脉,细细推详,而后可定其何家踪迹,以便下卦。若是水大,则不止一宫之气,正坐是一脉,偏左又是一脉,偏右又是一脉,故云"分三诀"也。论坐后之脉,精详曲当,搜剔无遗。乃至于此,可谓明察秋毫者耶。

　　[直解]摆头,言水似曲非曲之状。玄武,指穴后。穴后之水。或曲或直,或向或背,情状不一,难于尽举。只要与穴前一般排算,故曰"对堂安"也。

　　家家坟宅后高悬,太阳不照太阴偏。
　　必主其家多寂寞,男孤女寡实堪怜。

　　[蒋注]此即后空之义。因世人都喜后高,故复叮咛如此。人但知后高为有坐托,不知其掩蔽阳光而偏照阴气,生机斩绝,人口伶仃,故有孤寡之应也,可不戒与!予观人家穴后,有挑筑两三重照山以补后托,未有不大损人丁,甚至败绝无后者。利害攸关,特为指出。此节单言平洋格法,若是山龙之穴,又以后高为太阳正照而吉,后空为太阳失陷而凶,读者莫错会也。

　　[姜注]以上九节,首节言山龙;后八节,言平洋,皆形局也。

　　[直解]要在未立向以前,必先按其山向,排其五行,当空则空,当实则实,所谓"龙空气不空,龙实气不实",即此意也。高一寸为山,

低一寸为水。高者当作山用，低者宜作水论。倘上山下水，颠倒误用，则有寡夭之患矣。

○大凡山龙平岗，及墩泡高埠，以地气为主者，穴后宜高。水龙平洋，及一切湖荡圩边，凡以水气为主者，穴后宜空。切不可拘定后空为是，后高为非。只要后空得后空之用法，后高得后高之用法。总要随地适宜，高低各得，不必拘拘于后空后实也。

贪武辅弼巨门龙，方可登山细认踪。

水去山朝皆有地，不离五吉在其中。

[蒋注] 此节及下文九星，皆指形局而言。盖见其星体合吉，方登山而定其方位。若形局方位皆吉，即水去亦吉。今人动云"第一莫下去水地"，谬矣。

[直解] 此节专辨峰峦形局、五星九星、正体变体形象之吉凶。山形气势、星体峦头既吉，方登山细认，乃寻龙之要诀，便而捷，且省登山涉水之劳矣。所云"五吉"，是兼贪辅之五吉；谓"形局都合"，再查水之去处，果合补救出杀之妙用，则来亦吉，去亦吉矣。

破禄廉文凶恶龙，世人坟宅莫相逢。

若然误作阴阳宅，纵有奇峰到底凶。

[蒋注] 此二节专言平洋九星水法。

[直解] 此四龙，形象之最恶者，山龙、平洋俱忌。倘然误作，纵有奇峰，不能为福也。

○水法九星，曲者为水，直者为木，方正者为土，环抱者为金，直而尖者为火。总而言之，抱绕止蓄、向穴有情者为吉，反背无情者为凶。如破军、禄存、廉贞、文曲，诸般星体，不论山龙平洋，二宅均忌。

本山来龙立本向，返吟伏吟祸难当。

自缢离乡蛇虎害，作贼充军上法场。

明得三星五吉向，转祸为祥大吉昌。

［蒋注］本山本向，非子龙子向，丑龙丑向，"倒骑龙"之谓也，盖指八卦纳甲而言。山龙有纳甲本卦向法，皆净阴净阳；其在平洋向法，反不拘净阴净阳，而以本卦纳甲干支，位位作返吟伏吟，凶不可当。三星与五吉不同，三星言龙体，五吉言卦气。消详龙体卦气之中，即有天然向法，可不犯本宫，而灾变为祥矣。

［直解］本山本向者，本元之旺气到山也。本元之旺气到山，即是反吟伏吟。"三星"谓金、水、土三星，"五吉"谓天元取辅、人地兼贪之五吉。果得三星五吉，即能转祸为祥矣。细按前后两个"向"字，反吟伏吟由"向"而起，五吉亦由"向"而起。由此观之，地之吉凶，其权在向也明矣，其权在五吉也更明矣。苟晓五吉三星之妙理，山水分用之要诀，方知在山谓本山，在水即为十道；用得为三吉，用失即是反吟。"在水谓三吉，在山便是本山"数语，当细细揣之，自得五吉三星补救直达之妙用矣。

龙真穴正误立向，阴阳差错悔吝生。

几为奔走赴朝廷，才到朝廷帝怒形。

缘师不晓龙何向，坟头下了剥官星。

［蒋注］此言龙穴虽真，而误立本宫之向，阴阳不和，至于剥官也。盖地理虽以龙穴为重，发与不发，专由龙穴；而立向坐宫，又穴中迎神引气之主宰，此处不清洁，如玉之瑕，不成美器矣。致广大而尽精微，又何可不详审也耶！此所谓"向"，非以山向五行起长生为消纳也，亦非小玄空生出克出、生入克入之说，学者慎之！

［姜注］以上四节，皆言平洋理气之用。

［直解］龙既真，穴既的，误立本宫阴阳差错之向，自有剥官之患。此剥官，即上节所言本山本向反吟伏吟之故也，非俗注所谓"壬向"之剥官，又非"流破官旺"之剥官。所谓"剥官"者，正是上山下水颠倒误用，官星受克之剥官也。

寻龙过气寻三节，父母宗枝要分别。

孟山须要孟山连，仲山须要仲山接。

干奇支耦细推详，节节照定何脉良。

若是阳差与阴错，纵吉星辰发不长。

一节吉龙一代发，如逢杂乱便参商。

[蒋注]此等卦理，中上二篇，论之已详，反复叮咛，致其深切之意。又指明发福世代久暂之应，全在龙脉节数长短，故父母宗支要分别也。

[直解]"三节"即《龙格》"三节不乱"之意，"父母宗枝"是来龙来脉过峡起顶之宗枝。分别过峡起顶属何卦之宗枝，则知来龙来脉之合不合矣。孟山仲山，即"子字出脉子字寻"之意。看准何干来脉，何干入首，细细从来龙来脉上，看到立穴处，干与支，体与用，一丝不乱，方谓之良。如有一毫差错，则吉中有凶，不成美器矣，可不加意细察乎？是节辨纯杂，定吉凶，看节数，定久暂，乃方位理气之最要者也，故又叮咛之耳。

先识龙脉认祖宗，峰腰鹤膝是真踪。

要知吉地行龙止，两水相交夹一龙。

夫妇同行脉路明，须认刘郎别处寻。

平洋大水收小水，不用砂关发福久。

水口石似人物形，定出擎天调鼎臣。

[蒋注]此节兼论山龙平洋，言山龙真脉，则取蜂腰鹤膝为过峡，而平洋则不然，只取两水相交为来龙行脉，不在过峡上看脉也。但须脉上推求，识干支纯杂，夫妇配合之理。如此宫不合，又当别求一宫，不可牵强误下，故云"刘郎别处寻"。且山龙取砂为关，而平洋不用砂关，只要大水行龙，收入小水结穴，有此小水引动龙神，千流万派，其精液皆注归小水，以荫穴气。此平洋下穴秘旨，一语道破混沌之窍凿矣。

观此，则知所谓"两水相交"，非谓左右两水会穴前，而龙从中出谓之行龙也。正谓"大水与小水相交之处"，乃真龙之行，真穴之止也。既有此小水收尽源头，又何用砂水之为我用与否，岂砂之拦阻能强之者耶？人且不可强，而况于水？若水口捍门，此山龙大地雄峙一方之势，盖将山比拟。杨公秘慎之旨，互文隐意，虽若并陈，大旨偏重平洋，而以山龙相映发，以辨其不同途尔。贵学者言外会心，若不知剖析，而视为一合之说，将杂乱而无绪矣。

[直解]束细者为蜂腰，收而略放者为鹤膝，此皆象形也。众水去处为水口，又为去口。内有真结，水口必有大石，当众水之冲，关拦水口。其石如琴剑印尺、龟蛇牛马之形者，定出擎天调鼎之臣。如苏郡之范坟，水中有灵石，俗呼曰"魁星石"。又宜兴忠烈卢公之祖坟，水口有大石一块，广阔数丈，形方如印，正当众水之口。忠烈亦是明季一代之人物，正是擎天之应验也。

龙若直来不带关，支兼干出是福山。

立得吉向无差误，催禄催官指日间。

[蒋注]此亦上下二篇所已详。盖以四正为例，而其余自在言外，非位位取地支也。

[直解]此节言山水二龙，形虽带直，只要不带欹斜反跳、僵直死硬、种种关杀用得安妥亦能发福，不可因其形直而弃之也。

乾坤艮巽脉过关，节节同行不混淆。

向对甲庚壬丙水，儿孙列土更分茅。

仲山过脉不带关，三节山水同到前。

断定三代出官贵，古人准验无虚言。

[蒋注]此则单言四隅龙格，反取干神，并不言及辰戌丑未，则其非专重地支可知矣。脉是内气，而向对之水是外气，两不相妨也。杨公辨龙审卦之妙，口口说重地支，而本旨实非重地支，世人被他瞒过多矣。岂知一只眼逗漏于此节，学者其毋忽哉！

[直解]上节言直来不带关杀则易，此节言屈曲而求其杂则难。果能去来屈曲，节节整齐，夫妇同行，不偏不倚，一丝不乱，更兼山水纯一，体用一气，自有列土分茅之贵矣。过脉节数等语，总言世代久暂之应验也。

发龙多向支神取，若是干神又不同。
支若载干为夫妇，干若带支是鬼龙。
子癸为吉壬子凶，三字真假在其中。
乾坤艮巽天然穴，水来当面是真龙。
要识真龙结真穴，只在龙脉两三节。
三节不乱是真龙，有穴定然奇妙绝。
千金难买此玄文，福缘遇者毋轻泄。
依图立向不差分，荣华富贵无休歇。
时师不明勉强扦，虽发不久即败绝。

［蒋注］发龙多取支神，此乃用支之卦也。干神不曰"无取"，而乃曰"若是干神又不同"，明明有用干之时，而特与用支者不同尔。干带支为鬼龙，只就子癸、壬子一宫为例，其真其假，三字之中迥然差别。何以乾坤艮巽独名天然穴？盖直以乾坤艮巽为龙，不更转寻名相，故曰"天然"。若他龙，则干支卦位非一名矣。"水来当面是真龙"，此语石破天惊，鬼当夜哭。盖乾坤艮巽之穴，又与取支恶干者不同，观此，则《宝照》之诀，实非单重支神，洞然明白矣。至于格龙之法，止要两三节不差错，则卦气已全，不必更多求于四五节之外，恐人拘泥太过，遇着好龙当面错过。所以发此，非杨公迁就之说也。但此两三节定要清纯，若到头数节，略有勉强，不能无误，又戒作者须其难其慎也。

［直解］四正之龙支神为主，四隅之龙干神为主。正与维，干与支，妙在用支之卦则用支，用干之卦则用干；在用支之时则用支，在用干之时则用干，贵在各得其用耳。惟乾坤艮巽，又与用干用支者有异，只求水来当面，便是真龙，是非专重地支可知矣。自"三节不乱"以下，皆格龙之法也。

一个星辰一节龙，龙来长短定枯荣。
孟仲季山无杂乱，数产人龙上九重。
节数多时富贵久，一代风光一节龙。

［蒋注］此亦论平洋龙神节数，以定世代近远之应，总在行度之纯杂上断也。

［姜注］以上六节，皆言平洋大五行之法，盖中、上二篇所已明，而反复互见者也。

［直解］水法一曲一折，便为一节。凡曲动处，水之情形，总以相向抱穴有情者为佳。如龙来长短，正谓愈曲而愈妙也。曲多则易于夹杂，如果曲曲折折，或孟或仲，均归一路者，大贵之地也。世代久暂之应，都在曲折、纯杂、向背上占验也。

地理辨正直解卷之五

平砂玉尺辨伪总论

地理多伪书，《平尺》者，伪之尤者也。或曰：是书也，以目视之，俨然经也，子独辨其伪，何居？曰：惟世皆以为经也，余用是，不能无辨。今之术家，守之为金科玉律，如萧何之定汉法，苟出乎此，不得为地理之正道。术士非此不克行，主家非此不敢信，父以教其子，师以传其弟，果能识此，即可以自号于人曰"堪舆家"，延之上座，操人身家祸福之柄而不让，拜人酒食金帛之赐而无惭。是以当世江湖之客，宝此书为衣食之利器，譬农之耒耜，工之斧斤，其于谋生之策，可操券而得也。有朝开卷而成诵，暮挟南车以行术者矣，岂知其足以祸世，如是之酷哉！知其祸世而不辨，余其无人心者哉！

或曰：是书之来也远矣，子又安知其为伪也？乃从而辨之曰：我亦辨之以理而已矣。或曰：此亦一理也，彼亦一理也，安知子之理是，而彼之理非与？曰：余邀惠于先之贤哲，而授余以黄石青乌、杨公幕讲之秘要，窃自谓于地理之道，得之真而见之确矣。故于古今以来，所谓地理之书，无所不毕览。凡书之合于秘要者为真，不合秘要者为伪，而此书不合之尤者也。既得先贤之秘要，又尝近自三吴两浙，远之齐鲁豫章、八闽之墟，纵观近代名家墓宅，以及先世帝王圣贤陵墓古迹，考其离合，正其是非。凡理之取验者为真，无所取验者为伪，而此书不验之尤者也，故敢断其伪也。盖以黄石青乌、杨公幕讲断之，以名家墓宅先世古迹断之，非余敢以私见臆断之也。

或曰：然则秉忠之撰，伯温之注，非与？曰：此其所以为伪也。夫地理者，裁成天地之道，辅相天地之宜，以经邦定国，祸福斯民者也。三代以上，明君哲相，无不知之。世道下衰，其说隐秘，而寄之乎山泽之癯，逃名避世之士，智者得之，尝以辅翼兴王，扶持景运，而其说之至者，不敢显然以告世也。文成公之事太祖，其最著者矣，及其没也，尽举生平所用天文地理数学之书，进之内府，从无片言只字存于家而教其子孙，况肯著书立说，以传当世耶！故凡世本之称青田者，皆伪也。均之佐命之英，知青田则知秉忠矣。

或曰：何是书之文辞，井井乎若有可观者也？曰：其辞近是，其理则非。盖亦世之通人而不知地理者，以意为之，而傅会其说，托之乎二公者也。余特指其谬而一一辨之，将以救天下之溺于其说者。

辨顺水行龙

山龙之脉，与平洋龙脉，皆因水而验其脉之动静，而皆不以水而限其脉之去来。今先言山龙。夫山，刚质也；水，柔质也。山之孔窍而水出焉，故两山之间，必有一水。山洼下之处，即水流行之道。水随山而行，非山随水而行也。山之高者，脉所从起；山之卑者，脉所从止。山自高而卑，故水亦从之自高而卑，此一定之理也。往往大溪大涧之旁，小干龙所憩焉；大江大河之侧，大干龙所休焉。盖来山之众支聚乎此，故来水之众派亦聚乎此也。

然据水之顺逆而论脉之行止，但可就其大概而言尔。若必谓水于此界，脉必于此断；水向左流，脉必不向右行则不可也。夫龙脉之起伏转折，千变而不穷。有从小江小湖崩洪而过者矣，有从大江大河越数百十里不知其踪迹端倪而过者矣，有收本身元辰小水逆行收数里而结者矣，有向大干水逆奔数百里而结者矣。龙之真者，水愈断而其过脉愈奇，势愈逆而其骨力愈壮，岂一水之横流，可遏之使断，牵之使前乎？

今《玉尺》云："顺水直冲而逆回结穴，方知体段之真。若逆水直冲，而合襟在后，断是虚花之地。众水趋归东北，而坤申之气施生；群流来向震辰，而乾亥之龙毓秀。甲卯成胎，不含酉辛之气；午丁生意，岂乘坎癸之灵。"据此而言，是天下必无逆水之龙也。岂其然哉！

或曰：子所言，山龙也；《玉尺》所言，平壤也。故其言曰："干源旷野，铺毡细认交襟；极陇平坡，月角详看住结。"山龙有脉可据，故有逆水之穴；平壤无脉可寻，只就流神之来去，认气之行止，岂与山之过峡起伏，同年而语乎？子生平专分山水二龙，以正告天下，何又执此论也？

解之曰："平壤固纯以流神辨气，与山之脉峡不同。至以水之来去，为气之行止，则我不取。我以为酉辛水到，则甲卯之脉愈真；癸坎流来，则午丁之灵益显。坤申生气，众水必无东北之趋；乾亥成龙，群流必无巽辰之向。由此而言，《玉尺》不但于山龙特行特结之妙茫然未知，且于平壤雌雄交媾之机大相背谬。

至其统论三大干龙，而以为北干乃崑仑之丑艮出脉，而龙皆坤申；南干乃昆仑之巽辰出脉，而龙皆乾亥；中条乃崑仑之寅甲、卯乙出脉，而龙皆庚酉辛。注者遂实其解曰：北干无离巽艮震穴，中干无震巽艮穴；建康只有南离、临安只有坤兑、八闽只有坤申。固哉！《玉尺》之言也。

夫举天下之大势，大抵自兑之震、自干之巽、自坤之艮者，地势之从高而下然也。至于龙之剥换转变，岂拘一方？真脉性喜逆行，大地每多朝祖，若执此书顺水直冲之说，遇上格大地，反以为不合理气而弃之，而专取倾泻奔流，荡然无气之地，误以为真结而葬之，其诒害于人，乌有限量？余故不得已，而叮咛反复以辨之也。

辨贵阴贱阳

《易》曰："立天之道，曰阴与阳"，惟此二气，体无不具，用无不包，是二者不可偏废，故曰："孤阳不生，独阴不长"；是二者未尝相离，故曰："阳根于阴，阴根于阳"。舍阳而言阴，非阴也；舍阴而言阳，非阳也。圣人作《易》，必扶阳抑阴者，何也？曰：道一而已，故曰乾；分而为二，而名之曰坤。以两仪之对待者言，曰阴阳；以一元之浑然者言，惟阳而已。言阳，而阴在其中矣。

就人事言，则阳为君子、阴为小人。内君子、外小人为泰，内小人、外君子为否。由此言之，阳与阴不可分也。苟其分之，则贵阳贱阴，如圣人之作《易》，何也？若贵阴贱阳，是背乎圣人作《易》之旨，而乱天地之正道也。

《玉尺》乃以艮巽震兑四卦，为阴之旺相而贵之；以乾坤坎离，为阳之孤虚而贱之。即以纳甲、八干、十二支，丙纳于艮，辛纳于巽；庚纳于震，而亥卯未从之；丁纳于兑，而巳酉丑从之，十者皆谓之阴而贵。以甲纳干，以乙纳坤；以癸纳坎，而子申辰从之；以壬纳离，而午寅戌从之，十者皆谓之阳而贱。

于是当世之言地理者，不论地之真伪若何，凡见阴龙阴水阴向，则概谓之吉；而见阳龙阳水阳向，则概谓之凶，此乖谬之甚者也。

夫吉凶之理，莫著于《易》。《易》六十四卦，各有其吉，各有其凶。八卦，六十四卦之父母也，岂有四卦纯吉、四卦纯凶之理！八干十二支亦然。吾谓论地，只论其是地非地，不当论其属何卦体，属何干支。若果龙真穴的，水神环抱，坐向得宜，虽阳亦吉也；若龙非真来，穴非真结，砂飞水背，坐向偏斜，虽阴亦凶也。

又拘所谓"三吉六秀"，而以为出于天星，考之天官家言，紫微垣在中国之壬亥方，而太微垣在丙午方，天市垣在寅艮方，且周天二十八宿分布十二宫，皆能为福，皆能为灾。地之二十四干支，上应列宿，亦犹是也，何以在此为吉，在彼为凶？此与天星之理全乎不合。

至谓乾坤老亢，辰戌为魁罡，丑未为暗金煞，种种悖理。夫乾坤乃诸卦之父母，六子皆其所产，何得为凶？老嫩之辨在于龙，龙之出身嫩也，即乾坤亦嫩也；龙之出身老，即巽辛兑丁亦老也。斗之戴匡为魁，斗柄所指为天罡，此枢干四时，斟酌元气，造化之大柄也。理数家以为天罡所指，众煞潜形，何吉如之？而反以为凶耶！

五行皆天地之经纬，何独忌四金？庚酉辛，金之最坚刚者也，既不害其为吉，而独忌四隅之暗金，甚无谓矣。诸如此类，管郭杨赖，从无明文，不知妄作，流毒天下，始作俑者，其无后乎！我不禁临文而三叹也！

辨龙五行所属

盈天地间，只有八卦。先天之位，曰"乾坤定位，山泽通气，风雷相薄，水火不相射"。八卦总之，阴阳而已。山阳泽阴，雷阳风阴，火阳水阴，皆两仪对待之象。对待之中，化机出焉。所谓"玄牝之门，是为天地根"，"一阴一阳之谓道"。八卦者，天地之体；五行者，天地之用。当其为体之时，未可以用言也。故坎虽为水，此先天之水，不可以有形之水言也；离虽为火，此先天之火，不可以有形之火言也。故艮为山而不可以土言也，兑为泽而不可以金言也，震巽为风雷而可以木言也。故以八卦属五行而论龙之所属者，皆非也。

若论后天方位八卦，而以坎位北而为水，以离位南而为火，以震位东而为木，以兑位西而为金，似矣。四隅皆土也，又何以巽木乾金，不随四季，而随春秋耶？此八卦五行之一谬也。及论二十四龙，则又造为三合之说。复傅①会之以双山，更属支离牵强，而全无凭据。夫既以东南西北为四正五行，则巳丙丁皆从离以为火，亥壬癸皆从坎而为水，寅甲乙皆从震而为木，申庚辛皆从兑而为金，辰戌丑未皆从四隅以为土，犹之可也。今又以子合申辰而为水，并其邻之坤壬乙亦化为水；以午合寅戌而为火，并其邻之艮丙辛亦化为火；以卯合亥未而为木，并其邻之干甲丁亦化为木；以酉合巳丑而为金，并其邻之巽庚癸亦化为金。论八卦则卦爻错乱，论四令则方位颠倒，此三合双山之再谬也。所谓多岐亡羊，朝令夕改，自相矛盾，不特悖于理义，亦不通于辞说者矣。

又以龙脉之左旋右旋，而分五行之阴阳，曰亥龙自甲卯乙、丑艮寅、壬子癸方来者为阳木龙；亥龙自未坤申、庚酉辛、戌乾亥来者为阴木龙。其余无不皆然，谬之谬者也。又以龙之所属而起长生、沐浴、冠带、临官、帝旺、衰、病、死、墓、绝、胎、养；又以龙顺逆之阴阳分

---

① 原注：音辅，俗作附，非。

起长生，曰阳木在甲，长生在亥，旺于卯、墓于未；阴木属乙，长生在午、旺于寅、墓于戌。其余无不皆然。举世若狂，以为定理，真可哀痛矣。

夫五行者，阴阳二气之精华，散于万象，周流六虚，盈天地之内，无处不有五行之气，无物不具五行之体。今以龙而言，则直者为木，圆者为金，曲者为水，锐者为火，方者为土。又穷五行之变体，而曰贪狼木、巨门土、禄存土、文曲水、廉贞火、武曲金、破军金、左辅土、右弼金。五行之变尽矣。此杨曾诸先觉，明目张胆以告后人者也。夫此九星五行者，或为起祖之星，或为传变之星，或为结穴之星，或为夹从辅佐之星，或兼二，或兼三，或兼四，甚而五星传变，则地大不可名言，以此见五行者变化之物，未有单取一行不变以为用者也。今不于龙体求五行之变化，而但执方位论五行之名字，是使天地之生机不变不化，取其一，尽废其四矣。又从方位之左右旋分五行之阴阳，是使一气之流行左支右绌，得其半而未能全其一矣。

试以物产言之，随地皆生五材。若曰南方火地无大水，北方水地不火食，西方金地不产各材，东方木地不产良金，有是理乎？试以品性言之，尽人皆具五德，若曰东方之人皆无义，西方之人皆无仁，北方之人皆无礼，南方之人皆无智，有是理乎？且不独观四时之流行乎！春气一嘘而万物皆生，不特东南生，而西北无不尽生；秋气一肃而万物皆落，不特西北落，而东南无不尽落，是生杀之气不可以方隅限也。又不观乎五材之利用乎！栋梁之木遇斧斤以成材；入冶之金，须锻炼而成器；大块非耒耜不能耕耘，清泉非爨燎不能饮食。道家者流，神而明之，故有水火交媾、金木合并之义，以为大丹作用，即《大易》既济、归妹之象也，故曰"识得五行颠倒颠，便是大罗仙"。相生者何尝生，相克者何尝克乎！

今《玉尺》曰："癸壬来自兑庚，乃作体全之象；坎水迎归寅卯，名为领气之神。金临火位，自焚厥尸；木入金乡，依稀绝命。火龙畏见兑庚，遇北辰而自废；东震愁逢火劫，见西兑而伤魂。"是山川有至美之精英，而以方位废之也。且五行之论生旺墓，而亦限之以方位，其说起于何人？若以天运言，则阳升而万物皆生，阴升则万物皆死，无此生彼死、此死彼生之分也。若以地脉言，有气则万物皆生，无气则在在皆死，无此生彼墓、此旺彼衰之界也。今龙必欲自生趋旺，自旺朝生；水必来于生旺，去于囚谢；砂之高下亦如之，皆因误认来龙之五行所属，于是纷纷不根之论，咸从此而起也。

更有谓龙之生旺墓若不合，别有立向消纳之法。或以坐山起五行，或以向上论五行。不知山龙平壤。皆有一定之穴、生成之向，岂容拘牵字义，以意推移！朝向论五行，固为乖谬；坐山论五行，亦未为得也。《玉尺》又两可其说曰："可合双山作用，法联珠之妙；宜从卦例推求，导纳甲之宗。"又何其鼠首两端，从无定见耶！

我愿世之学地理者，山龙只看结体之五星，平壤只看水城之五星，此乃五行之真者。苟精其义，虽以步武杨赖，亦自不难。至于方位五行，不特小玄空生克出入、宗庙洪范、双山三合，断不可信；即正五行、八卦五行，亦不可拘。此关一破，则正见渐开，邪说尽息，地理之道，始有入门。嗟乎！我安得尽洗世人之肺肠，而晓然告之以玄空大卦、天元九气之真诀，使黄石、青囊之秘，昭昭乎若揭日月而行也哉！

辨四大水口

夫四大水口，有至理存焉。杨公书中，未尝发露，惟希夷先生《辟阖水法》，倡明八卦之理，而四大水口之义寓于其中。此乃黄石公《三字青囊》所固有，杨公特秘而不宣，即希夷引而不发也。今人不知天元八卦之妙用，妄以凡庸浅见测之，遂以为辰戌丑未为五行墓库之方，辄以三合双山附会曰："乙丙交而趋戌，辛壬会而聚辰，斗牛纳丁庚之气，金羊收甲癸之灵。"呜呼！谬矣！

以三合五行起长生墓库之非，即龙上五行左旋为阳，右旋为阴而同归一库，穿凿不通之论，前篇皆已辨之。独此四大水口，原属卦气之妙用，青囊之正诀，而亦为此辈牵合错解，以伪乱真。余每开卷至此，不胜扼腕，故又特举而言之。

夫图南先生八大局，皆从《洛书》八卦中来，一卦有一卦之水口。举四隅之卦而言，则有四；若举四正之卦而言，其实有八。然括其要旨，即一水口而诸卦之理已具。学者苟明乎此，山河大地，布满黄金矣。特以天心所秘，非人勿传，故不敢笔之于书，聊因俗本，微露一端，任有夙慧者私心自悟。

若以为阳艮龙丙火，交于乙，墓于戌；阴亥龙乙木，交于丙，亦墓于戌，以为天根月窟，雌雄交媾，玄窍相通，种种痴人说梦，总因误认诸家五行，不知卦气之理，以讹传讹，盲修瞎炼。吾遍观古来帝王陵寝，以及公卿名墓，何曾有合此四语者！若用此四语择得合格之地，总与地理真机无涉；其为败绝，亦犹是也。所谓"劳而无功"，闻余言者不识，能惕然有动于中否？

辨阴阳交媾

天地之道，不过一阴阳交媾而已。天地有一大交媾，万物各有一交媾，变变化化，施之无穷，论其微妙，莫可端倪，而实有其端倪，故曰"玄牝之门，是为天地根"。地理之道，若确见雌雄交媾之处，则千卷《青囊》，皆可付之祖龙。斯理甚秘，而实在眼前，若一指明，触目可睹，然断不在五行生旺墓上讨消息也。

《玉尺》乃曰："有乙辛丁癸之妇，配甲庚丙壬之夫。"又曰："阴遇阳而非其类，号曰阳差；阳见阴而非其偶，名曰阴错。"乃取必于乙丙之墓戌，辛壬之墓辰，丁庚之墓丑，癸甲之墓未，此真三家村学究之见也。

夫阴阳交媾，自然而然，不由勉强，亦活泼泼地，不拘一方，岂可以方位板格死煞排算乎！即以天地之交媾者言，天气一降，地气一升，而雨泽斯沛矣，子能预定天地之交于何方，合于何日乎？更以男女之交媾者言，阳精外施，阴血内抱，而胎元斯孕矣，子能预拟胎孕之何法而成，何时而结乎？

知天地男女之不可以矫揉造作，则知地理之所谓天根月窟，亦犹是矣。此唯杨公《都天宝照》言之凿凿，不啻金针暗度，而因辨《玉尺》之谬而偶泄于此，具神识者，精思而冥悟之，或有鬼神之告也。

辨砂水吉凶

今之地理家，分龙、穴、砂、水为四事。或云龙虽好，穴不好；或云龙穴虽好，砂水不好，何异痴人说梦！古之真知地理者，只有寻龙定穴之法，无寻砂寻水之法。正以虽有四者之名，而其实一而已矣。穴者，龙之所结；水者，龙之所源；砂者，龙之所卫；故有是龙则有是穴，有是穴则有是砂水，未有龙穴不真，而砂水合格者也；亦未有龙真穴的，而砂水不称者也。

《玉尺》反曰："龙穴之善恶从水，犹女人之贵贱从夫。穴虽凶而水吉，尚集吉祥。"是以本为末，以末为本，颠倒甚矣。且其所谓吉凶者，只取四生三合，双山五行，论去来之吉凶，而以来从生旺、去从墓绝者为吉，反此者为凶，既属可笑；又以砂水在净阴方位者为吉，在净阳方位者为凶，尤为拘泥。

夫水之吉凶，只辨天元衰旺之气。砂者，借宾伴主，只要朝拱环抱，其形尖圆平正、秀丽端庄，皆为吉曜；若斜飞反去，破碎丑拙，则为凶杀。或题之曰文笔、曰诰轴、曰御屏、曰玉几、曰龙楼、曰凤阁、曰仙桥、曰旗帜、曰堆甲屯兵、曰烟花粉黛，诸般名色，皆以象取之，以类应之，而不可拘执。亦须所穴者，果是真龙胎息，精灵翕聚，而后一望，胪列皆其珍膳尔。

假如一山数冢，同见贵砂，而一冢独发，其余皆否，岂非贵之与贱在龙穴，而不关于砂乎！况四神八国，并起星峰，皆堪献秀，何必净阴之位则吉，净阳之位则凶？龙穴无贵阴贱阳之分，砂水又岂有贵阴贱阳之分耶！其云："文笔在坤申为词讼，旌旗见子午为劫贼；高峰出南离，恐惊回禄；印星当日马，必遭瞽疾；乾戌为鼓盆之煞，坤流为寡宿之星；寅甲水，疯疾缠身；乙辰水，投河自缢。"又云："未离胎而夭折，多因冲破胎神；才出世而身亡，盖为击伤生气。四败伤生，虽有子而母明父暗；望神投浴，居官而淫乱可羞。"诸如此类，不可枚举；立辞愈巧，其理愈虚。一谬百谬，难以悉辨。

　　总其大旨，曰：废五行衰旺之说，破阴阳贵贱之名，可以论龙穴，即可以论砂水矣。我于是书，取其四语，曰："本主兴隆，杀曜变为文曜；龙身微贱，牙刀化作屠刀。"此则沙中之金，石中之玉也。采葑采菲，无以下体，故特举而存之。

辨八煞黄泉禄马水法

水法中有"禄上御街""马上御街",其说鄙俚不经,而最能使俗人艳慕。又有八煞、黄泉二种禁忌,使人望而畏之若探汤焉。我以为其说皆妄也。

夫禄马贵人,起例见于六壬,在易课中已属借用,与地理禄命皆无干涉。世人学术无本,一见干支,便加禄马,推命家用之,地理家亦用之,东挪西借,以张之子孙,继李之宗祖,血脉不通,鬼神不享。此在杨曾以前,从不见于经传,后之俗子,妄加添设,不辨自明。

夫地理之正传,只以星体为峦头,卦爻为理气,舍此二者,一切说玄说妙,且无所用之,况其鄙俗之甚者耶。其所称马贵者,亦有之矣;曰贵人,曰天马,此皆取星峰以为名,不在方位也。水之御街,亦以形论,不在方位。至于八煞、黄泉,尤无根据,全属捏造,更与借用不同。

夫天地一元之气,周流六虚;八卦方位,先天后天,互为根源,环相交合,相济为用。得其气运则皆生,违其气运则皆死,但当推求卦气之兴衰,而为趋避耳。从无此卦忌见彼卦,此爻忌见彼爻之理。

若失气运,则巽见辛、艮见丙、兑见丁、坤见乙、坎见癸、离见壬、震见庚、乾见甲,本宫纳甲正配,尚足以兴妖发祸。若得气运,虽坎龙,坤兔、震猴、巽鸡、乾马、兑蛇、艮虎、离猪,而卦气无伤,诸祥自致。我谓推求理气者,须知有气运随时之真煞,实无卦爻配合之煞。今真煞之刻期刻应,剥肤切骨者不知避,而拘拘忌八曜之假煞,亦可悲矣。

黄泉即四大水口,而强增名色者也。故又曰"四个黄泉能杀人,辰戌丑未为破军;四个黄泉能救人,辰戌丑未巨门",故又文饰其名为"救贫黄泉"。夫既重九星大玄空水法,则不当又论黄泉矣,何其自相矛盾，一至于此！或亦高人心知其诬，而患无以解世人之惑，故别立名色，巧为宽譬耶？未可知也。

其实则单论三吉水可矣，不必论黄泉也。且黄泉忌于彼所言净阴净阳，三合生旺墓，水法皆不相合。若论阴阳，则乙忌巽是矣，而丙则同为纯阴；庚丁忌坤、申癸忌艮、辛忌乾是矣，丙壬则同为纯阳，何以亦忌此？于净阴净阳，自相矛盾也。

若论三合五行，则乙水向见巽、丁木向见坤、辛火向见乾、癸金向见艮，同为墓绝方，忌之是矣。丙火向见巽，庚金向见坤，壬水向见乾，甲木向见艮，皆临官方也，何以亦忌此？于三合双山，自相矛盾也。我即彼之谬者，而证其谬中之谬，虽有苏张之舌，亦无乱以复我矣。

《玉尺》遂饰其说曰："八煞黄泉虽为恶曜，若在生方，例难同断"，此真掩耳盗铃之术。既云"恶曜"矣，又焉得云"生方"；既云"生方"矣，又焉得称"恶曜"。孰知恶固不真，而生方亦皆假也。又或者为之辞曰："黄泉忌水去而不忌来"。或又曰："忌水来而不忌去"。总属支离，茫无一实。我谓运气乘旺，虽黄泉亦但见其福；运气当衰，虽非黄泉而立见其祸。苟知其要，不辨自明。而我之偲偲然论之不置者，以世人迷惑已久，如堕深坑，无力自脱，多方晓譬，庶以云救也。呜呼！当世亦有见余心者耶。

辨分房公位

夫葬者，所以安亲魄也。亲魄安，则众子皆安；亲魄不安，则众子皆不安。今之世家巨族，往往累年不葬，甚之迟之久久，终无葬期。一则误于以择地为难，再则误于拘分房之说。一子之家犹可，子孙愈多，争执愈甚，遂至挟私见以提防，用权谋以自使者矣。有时得一吉地，惑于旁人之言，以为不利于己而阻之者；阻之不已，竟葬凶地，同归于尽，亦可衰哉！原其故，皆地理书公位之说为之祸根，使人灭伦理、丧良心，无所不极其至也。

岂知葬地如树木，根茎得气，则众枝皆荣；根茎先拔，则众枝皆萎。亦有一枝荣一枝枯者，外物伤残之耳。葬亲者，但论其地之凶吉，断不可执房分之私见。吾观历来名宗巨室，往往共一祖地，各房均发者甚多，亦有独发一房或独绝一房者，此有天焉，不可以人之智巧争也。

或问曰："然则公位之说全谬欤？又何以有独发独绝者耶？"曰："是固有之，而非世人之所知也。其说在《易》，曰：震为长男，坎为中男，艮为少男；巽为长女，离为中女，兑为少女。孟仲季之分房由此而起也。然其中有通变之机，非属此卦即应此子、应此女之谓也。"

《玉尺》乃云："胎、养、生、沐，属长子；冠、临、旺、衰，属仲子；病、死、墓、绝，属季子。"即就彼之言以折之，"生则诸子皆生矣，旺则诸子皆旺矣，死绝则诸子皆死绝矣，何以以此属长，以此属仲，以此属季？"曰："亦以其渐耳。"折之曰："以为始于胎养，继而之旺，既而死绝，似矣，若有四子以往，则又当如何耶！其转而归生旺耶，抑另设名以应之耶？"此不足据之甚者也，世人慎勿惑于其说也。

总论后

蒋子作《玉尺辨伪》既成，或问曰："子于是书讹谬，辨之则既详矣，子谓吉凶之理在乎地，而非方位之所得而限也，然则八干、四维、十二支，宁无有吉凶之当论乎？"曰："何为其然也！我正谓八干、四维、十二支皆分属于卦气。"

夫卦气吉凶之有辨，盖灼灼矣，特非净阴净阳、双山三合生旺墓之谓也。乃若《青囊》正理，方位之辨实有之，其秘者不敢宣泄，姑就《玉尺》之文以概举之。

《玉尺》所畏者曰乙辰、曰寅甲，而以《青囊》言之，乙之与辰、寅之与甲，相去何啻千万里也！有时此凶而彼吉，有时此吉而彼凶者矣。所最羡者，曰巽巳丙，而以《青囊》言之，巽巳之与丙，相去亦不啻千万里也！有时此吉而彼凶，有时此凶而彼吉者矣。

所最欲分别而不使之混者，曰丙午丁、曰乾亥、曰甲卯乙、曰辰巽、曰丑艮寅；而以《青囊》言之，午之与丙丁、亥之与乾、卯之与甲乙、巽之与辰、丑寅之与艮，所争不过尺寸之间而已。有时而吉，则必与之俱吉；有时而凶，则必与之俱凶矣。

今乃于其当辨而不可不辨者，如黄精之与勾吻、附子之与乌头，一误用之而足以入口伤生者，反置之不辨；于其易辨而可以不辨者，如白粱与黑秬异色，而皆可以养人；堇之与鸩，异类而皆可以杀人者，屑屑然悉举而辨之，彼自以为智，而乃天下之大愚也。

且生旺死绝之说，《青囊》未尝不重之，故《葬书》曰："葬者，乘生气也。"卦气之所谓生，非三合五行之所谓生；卦气之所谓旺，非三合五行之所谓旺；卦气之所谓死绝，非三合五行之所谓死绝。且地气之大，生旺不知趋，而区区误认一干一支之假生旺而求迎之；地气之大，死绝不知避，而区区误认一干一支之假死绝而思避之。悲夫！所谓雀以一叶障目，而谓弹者不我见也。以此为己，适以害己；以此为人，适以害人而已。

故夫《玉尺》之于地理，犹郑声之于雅乐，杨墨之于仁义，一是一非，势不两立，实有关乎世道之盛衰，天地之气数。窃闻嘉靖以前，其书尚未大显，至万历时，有徐之镆者，为之增释图局，而梓行之，于是江湖行术之徒，莫不手握一编，以求食于世。至今日而惑于其说者，且遍天下也。悖阴阳之正，干天地之和，与僾扰五行，急弃三正者同其患，有圣人者出，而诛非圣之书，于阴阳一家，必以此书为之首。呜呼！此书不破，世运何由而息水火，生民何由而侪仁寿哉！我拭目望之矣。

平砂玉尺辨伪总括歌①

万卷地书总失真，平砂玉尺最堪嗔。
二刘名姓凭伊冒，那有当年手泽存。
开国伯温成佐命，尝将妙诀定乾坤。
晚年一篋青囊秘，尽作天家石室珍。
天宝不容人漏泄，曷忍隐祸中儿孙。
片言只字无留影，肯借他人齿颊名。
秉忠亦是元勋列，敢冒嫌疑著此经？

世上江湖行乞者，只贪肤浅好施行。
户诵家传如至宝，兴灾酿祸害生民。
幸遇我师垂悯救，苦心辨驳著斯文。
窃恐愚夫迷不悟，括成俚句好歌吟。
愿君细察篇中意，莫负宗阳一片心。

天下山山多顺水，此是行龙之大体。
真龙发足不随他，定是转关星特起。
特起之龙变化多，渡水逆行不计里。
玉尺开章说顺龙，顺水直冲为大旨。
水来甲卯兑不收，水来丁午坎不取。
必要随流到合襟，直泻直奔名漏髓。

---

① 会稽姜垚汝撰。

全无真息荫龙胎，山穴平阳皆失轨。
劝君莫听此胡言，误向顺流探脉理。

八方位位有真龙，爻象干支总一同。
山脉阴阳分两界，此是天然造化功。
阳脉出身阳到底，阴脉出身阴为宗。
从无伪来并伪落，岂有贵贱分雌雄。
若是真胎成骨相，乾坤辰戌也峥嵘。
若是穴亡无气脉，巽辛亥艮尽为凶。
品水评砂原一例，三吉六秀有何功。
劝君莫听此胡言，旺相孤虚理不通。

五行相生与相克，此是后天粗粝质。
山川妙气本先天，生不须生克非克。
木行金地反成材，火入水乡真配匹。
南离炉冶出真金，阴阳妙处全须逆。
原说五行颠倒颠，庸师之辈何能识。

先天理气在卦爻，生旺休囚此中出。
量山步水总一般，立向收砂非二格。
安有长生及官旺，全无墓库与死绝。
卦若旺时路路通，卦若衰时路路塞。
有人识得卦兴衰，眼前尽是黄金陌。

纳甲本是卦中玄，用他配合皆非的。
堪笑三合及双山，玄空生出并克出。

更有禄马及赦文，咸池黄泉八曜杀。
庸奴只把掌上轮，误尽天涯总慧客。
劝君莫听此胡言，五行别有真消息。

雌雄交媾大阴阳，月窟天根卦内藏。
此是乾坤造化本，会时便号法中王。
曾公说个团团转，一左一右两分张。
明明指出夫和妇，有个单时便是双。
二十四山双双起，八卦之中定短长。
岂料庸奴多错解，干支字上去商量。
误起长生分两局，会同墓库到其乡。
未曾晓得真交媾，那里怀胎唤父娘。
我即汝言来教汝，阴阳指气不指方。

甲庚丙壬是阳位，有时占阴不唤阳。
乙辛丁癸是阴位，有时占阳即唤阳。
阴阳亦在干支上，不用排来死煞方。
眼前夫妇不识得，却将寡妇守空房。
劝君莫听此胡言，玄窍相通别主张。

四大水口归其位，此是卦之真匹配。
如何说到墓库方，左旋右旋来附会。
四水四卦逐元轮，一元一卦乘旺气。
周流八卦逐时新，会者杨公再出世。
今将墓库作归原，失运失元迎杀气。
劝君莫听此胡言，阳错阴差非斯义。

公位亦自卦中来，长少中男各有胎。
不论干支并龙脉，如何亦取三合推。
胎养生沐乃云长，仲子冠临及旺衰。
少子病死并墓绝，若然多子作何排。
世人信此争房分，停丧不葬冷为灰。
更起阴谋相贼害，伤伦灭理召天灾。
陷人不孝并不睦，此卷伪书作祸胎。

我愿今人只求地，得地安亲大本培。
亲安众子皆蒙庆，休把分房出乱猜。
试看阀阅诸名墓，一祖枝枝甚众材。
分房盖为分阳宅，莫论偏倚到夜台。

平砂一卷何人作，批注翩翩尤丑恶。
添图添局死规模，强把山川牢束缚。
从谦失却布衣宗，之镆直是追魂凿。
嘉隆以上无此书，万历中年方扑朔。
由此家家无好坟，迄今偏地成萧索。
焉得将书付阳龙，免使苍生遭毒药。